KB098724

중국 동북지역 소수민족 문화 이해

중국 동북지역 소수민족 문화 이해

2021년 1월 20일 초판 인쇄
2021년 1월 30일 초판 발행

지은이 김영순·황해영·장연연
교정교열 정난진
펴낸이 이찬규
펴낸곳 북코리아
등록번호 제03-01240호
주소 [13209] 경기도 성남시 중원구 사기막골로 45번길 14
우림2차 A동 1007호
전화 02-704-7840
팩스 02-704-7848
이메일 sunhaksa@korea.com
홈페이지 www.북코리아.kr

ISBN 978-89-6324-720-5(93300)
값 17,000원

중국 동북지역 소수민족 문화 이해

김영순 · 황해영 · 장연연 지음

북코리아

서문: 문화다양성의 원천으로서 소수민족 문화 읽기

우리는 일상생활에서 끊임없이 다양성을 접한다. 나와는 다른 사람, 다른 모습, 다른 문화와 만난다. 다양성은 때로는 혐오감으로, 때로는 호기심으로 다가온다. 다양성을 어떻게 관리하느냐에 따라 개인 삶의 질은 물론 사회통합 여부도 결정된다. 그만큼 다양성은 인간 삶의 중요한 요인이며 도전적인 장이다.

더욱이 세계화로 인해 경제 및 문화교류의 역동성과 그에 따른 사회질서의 변동성은 문화다양성 교육에 관한 관심을 요구한다. 문화다양성에 대한 교육적 요구가 교육현장의 이슈로 등장함에 따라 전 세계의 많은 연구자는 문화다양성 교육의 가치와 중요성을 역설하고 있다. 다문화 현상과 문화다양성에 대한 선행연구들은 거시적인 접근에서 미시적인 접근으로, 인구통계학적 논의에서 경제적·사회적·정치적·문화적 논의로 변화하고 있다. 또한, 통계를 위주로 한 양적 연구방법에서 질적 연구방법으로, 소수자에 관한 연구에서 모두를 대상으로 한 정체성 연구로 점차 옮겨가고 있다. 이를테면 한 국가 내부에 존재하는 다른 민족, 인종, 계급, 젠더에 대한 연구는 기본이고, 다수자-정주민이 소수자-이주민의 다양성을 이해하는 연구가 요구된다고 볼 수 있다.

이 책은 문화다양성 교육의 맥락에서 우리나라와 가장 가까운 민족적 기원을 지니는 중국 동북지역 소수민족 문화에 집중했다. 중국의 민족학자 페이샤오퉁(費孝通)은 자신의 저서 『중화민족의 통일성과 다양성』에서 55개 소수민족을 포함한 중화민족의 형성에 대해 설명하고 있다. 이 책에서는 중화민족에 대해 "중화민족의 주류는 통일성과 다양성을 띠는데, 이는 소통, 혼합, 연합, 통합을 통해 그리고 분열과 쇠퇴를 통해 형성되었다.

모든 민족이 상호작용하여 통합되어갔지만, 자신들의 고유한 특성을 유지하고 있다"라고 기술한다. 또한, 중화민족은 "생물학적 관점 또는 중화민족의 통합 속에서 드러나는 융합의 관점에서 '순수한 혈통'을 가진 단일민족은 존재하지 않는다"라고 본다. 중국은 한족을 포함하여 56개의 민족으로 이루어졌지만, 이는 민족학적 분류일 뿐 다양성을 유지하는 하나의 국가임을 밝히고 있는 것으로 이해할 수 있다.

최근 중국 고고학계 및 신화학계에서는 오랜 통설이던 황허문명중심론이 깨지고 다원문명론 혹은 다원적 기원론이 유력한 이론으로 부상하고 있다. 다시 말해, 상고의 중국이 한족만의 문화가 아니라 여러 민족의 문화가 함께 경합한 무대였으며, 신화도 단일한 계통이 아니라 각 민족에 따라 다양한 계통이 존재하고 있었다는 주장들이 강세를 이루고 있다. 이러한 주장들의 핵심은 역사적 및 고고학적으로 볼 때 우리 민족의 활동 무대가 상고시대에는 중국의 동북방 지역이었으며, 이들 지역과 상당한 문화적 친연성을 가지고 있음을 시사한다. 아울러 그들의 신화 자료를 통해 보자면 자신의 문화 원천을 대륙으로 확장할 가능성도 열리고 있다.

세계 곳곳의 민족들의 기원신화 그리고 풍습을 살펴보면 서로 유사한 내용들이 많은데, 특히 한국, 중국, 일본, 베트남 등의 경우가 그러하다. 중국의 소수민족 지역, 특히 동북지역은 한국과 유사한 지리적 · 기후적 조건으로 인해 생활문화 속에 이러한 환경적 요소들이 녹아 있다. 여기서 알 수 있는 것은 인간이 서로 다른 역사적·지리적 환경 속에서 살아가면서도 사람과 사람의 관계를 기초로 하고, 특정 인물, 사건, 풍물 등 지역적 한계에서도 비교적 자유로울 수 있다는 점이다. 이러한 관점에서 볼 때 중국 동북지역 소수민족 문화에 관한 관심은 그들을 이해하는 동시에 바로 우리를 이해하는 것이라 할 수 있다. 이 지점이 바로 문화다양성 교육의 출발점이 될 수 있다.

그뿐만 아니라 한민족과 같은 뿌리를 가지고 있는 조선족은 중국 내에서 동북지역 민족으로 구분되었고, 그 기준 역시 언어 면에서 공통적으로 알타이어 계열에 속해 있음을 확인할 수 있다. 따라서 중국 동북지역 민족의 문화는 그들에 대한 이해와 한국 민속문화에 시사점을 던져줄 것이며, 동시에 문화 간 비교연구를 시도하는 연구자들에게 유익한 자료를 제공할 것으로 사료된다.

중국 동북지역에는 다양한 민족이 살고 있다. 이 책에서는 그중 동북지역에서 기원하는 7개 소수민족을 소개하고자 한다. 민족들로는 만주족, 어룬춘족, 어원커족, 몽골족, 다우르족, 조선족, 허저족이다. 중국 동북지역은 산과 강, 평원지대가 널리 분포되어 있어 사냥, 물고기잡이 등 경제활동을 할 수 있고, 평원지대는 농사를 지을 수 있다. 동북지역 주민은 매서운 한파를 이겨내야 해서 강인한 성격을 보이기도 한다. 이는 토착민족들로 하여금 독특한 세시풍속을 만들어내게 했다. 나아가 중국의 동북지역은 인간이 거주한 지 오래된 문명 지역으로 이 지역의 소수민족들은 각기 고유의 기원신화를 가지고 있으며, 이들이 이루어낸 토착문화는 동북지역 문화의 바탕을 이루며 인근 소수민족 문화에도 상호 영향을 주고받았다.

이 책을 집필하는 데 있어서 현지조사가 필수임에도 최소화될 수밖에 없었던 이유가 있었다. 중국의 소수민족은 변방 지역의 척박한 곳에서 사는 경우가 많다. 따라서 그들의 생활 모습을 직접 찾아가서 관찰하고 면담하기에는 지리적·언어적 한계가 있었다. 또한, 소수민족들은 오늘날 예전의 오랜 관습이나 민족적 전통들이 사라지고 동화·변화되어 그들의 민족적 특징은 그들의 민족 신화 그리고 일부 명절의식 속에 녹아 있었다. 따라서 연구진은 공간적·언어적 한계로 인해 장춘 지역을 거점으로 헤이룽강 일대에 흩어져 있는 소수민족 박물관 답사를 통한 자료수집과 중국의 소수민족자료 데이터베이스를 활용했다. 특히 소수민족 사이트(民族网: www.minzu56.net)를 통해 민족의 기원신화 및 세시풍속 등을 수집했다. 그 밖에도 중국의 소수민족 서적과 관련 사이트를 다양하게 조사했다. 이 자료들에서 유용한 정보를 담은 자료를 걸러낸 후 중한 번역작업을 수행했다.

이 번역자료를 기초로 하여 국내 중국 소수민족 저서들의 내용과 비교하여 기술했다. 이 책은 총 8장으로 이루어졌다. 1장에서는 동북지역의 지리적 문화환경과 소수민족의 탄생, 변화과정에 관해 서술했다. 2장에서 8장까지는 중국 동북지역에서 기원한 7개 소수민족의 기원, 성립과정 그리고 의식주와 생활문화, 명절과 일상의례에 관해 설명했다.

이 책을 통해 독자들은 동북지역의 다양한 민족의 생활 모습 속에서 옛 우리 선조들과 교류를 나누었던 다른 민족들의 삶을 상상할 수 있고, 이러한 문화들이 오늘날의 민족문화를 형성했음을 이해할 수 있을 것이다. 또한, 이 책은 동북지역 소수민족의 문화 이해를 통해 우리 민족의 기원에 대한 범위를 확장시키고, 민족의 신화적 상상력을 재구성할 수 있다는 장점이 있다. 특히 이 책이 문화 간 비교연구를 시도하는 연구자들이나 문화다양성을 탐구하는 연구자들에게 유익한 자료로 제공되기를 기대한다.

이 책이 나오기까지 도움을 주신 많은 분이 계신다. 2000년 초부터 중국 동북지역의 민족문화에 관한 학문적 교류를 나누어온 베이징의 중앙민족대학교 민족학 및 사회학학원의 양성민, 딩홍, 치진워 교수님 그리고 옌볜대학교의 전신자 교수님께 감사드린다. 이들은 2015년 『중국민족지』를 한국어로 번역하는 데 도움을 주었고, 매년 한·중 간 동북아민족문화 포럼에서 유익한 정보를 제공해주고 이 책을 집필하는 데 영감을 주었다.

또한, 2015년 진행된 중국 동북지역 소수민족 답사를 하는 데 많은 도움을 주었다. 장춘에서 헤이허와 치치하얼 자치기에 이르기까지 헤이룽장 인근의 소수민족 마을 답사는 저자에게 이 책이 왜 집필되어야 하는가에 대한 목적의식을 명확하게 해주었다. 또한 중국동북사범대학교의 훠메이천, 원차이윈 교수님과 중국동북민족민속박물관의 리더산 관장님께도 감사의 마음을 전한다. 이 세 분은 동북지역의 소수민족 생활자료를 전시하고 있는 중국동북민족민속박물관의 자료들을 열람하게 하고, 이 책의 저술 내용을 확인할 수 있는 계기를 마련해주었다.

감사한 마음을 전할 사람들이 더 있다. 우리 연구실의 석사연구생인 이현주 원생과 박사연구생인 이춘양 원생이다. 이 두 분의 연구생은 자료정리와 번역작업을 도와주었다. 이 밖에도 중국에서 현장자료 사진을 촬영하여 제공한 중앙민족대학교 궈웨, 이란치 대학원생들에게도 감사의 마음을 전한다.

끝으로 저술 내용으로 보아 독자층이 미약할 수밖에 없는 이 책을 아름답게 출간해주신 북코리아 이찬규 대표님께도 심심한 감사를 드리는 바다.

2020년 가을의 문턱에서

김영순, 황해영, 장연연

목차

1장

중국 동북지역 환경과 민족문화

1 지역 문화 환경의 특징

문화는 민족의 영혼을 담고 있으며 민족의 역사적 근원, 생산과 생활방식 등이 그들의 생활문화 속에 고스란히 녹아 있다. 또한, 민족문화의 생성과 발전 역시 각 민족이 처한 생태환경과 밀접한 관련이 있다. 인류는 다양한 지리환경에서 생활하면서 생존을 위해 자연환경에 적응하게 된다. 이러한 적응 양상들은 그들의 초기 문화를 형성하며 채집, 수렵, 농경, 유목 등 다양한 삶의 형태를 만들어냈다.

광활한 대지를 가지고 있고, 산으로 둘러싸인 지리환경을 자랑하는 황허문명 지역은 조농사로 경제적 기초를 다졌고, 양쯔강문명 지역은 벼농사를 농업의 기반으로 삼는다. 북방지역 초원지대에 거주하는 사람들은 농업과 어업, 수렵을 겸하고 있는 것이 그들만의 경제적 특징이다. 청동기시대 이후 초원문화는 유목업을 생활의 기본수단으로 했다.

유목문화는 특징이 분명하고 다채로운 복합형 문화형태를 지니고 있다. 소수민족지역은 중원지역 한족문화와 다르게 자연생태계를 생활의 기반으로 하여 물질적 · 정신적 · 제도적 문화를 탄생시켰다. 이는 각 민족 고유의 문화적 풍격과 의미를 생성하게 된다. 민족학 및 인류학을 토대로 분류하면 이는 자연 숭배와 물질기반 생태형 문화다. 이러한 문화는 생산방식에서 생활방식, 관념적 영역에서부터 실천과정에 이르기까지 모두 자연생태계와 밀접한 연계성을 지님으로써 혼연일체가 되었다. 농경문화와 유목문화는 두 가지 기본 문화유형으로 각각 다른 특색을 지니고 있다.

2 동북 소수민족의 변천사

중국 동북지역은 옛적부터 '영주', '요동', '관동', '관외', '만주' 등으로 불렸다. 지금의 랴오닝성, 지린성, 헤이룽장성 및 네이멍구 동북지역인 츠펑시, 씽안맹, 퉁랴오시, 시린궈러맹, 후룬베이얼시의 5개 도시가 포함된다. 중국 역사에서 동북지역은 신비로운 지역으로 천 년간 다양한 소수민족 정권을 탄생시켰다. 선비, 거란, 여진 등의 민족은 그들이 직접 세운 정권들이 모두 역사 기록에 남아 있고, 지구의 반을 정복한 몽골족 정권도 이 지역에서 탄생했다가 서쪽으로 이주했다. 그들이 세운 정권의 수와 중국 북방지역을 지배한 세월은 어떠한 지역도 비할 바가 되지 않는다. 그들은 전쟁을 좋아하는 민족들로 자신들의 찬란한 역사를 만들어냈으나 중원의 왕조들에게 전란의 어려움은 물론 한족에게 위협을 안겨주었다. 전란의 상징으로 표현되는 '불'과 '피'로 얼룩진 전쟁의 흔적들은 지난 수천 년간 끊임없이 한족 중심 지역이던 중원지역을 괴롭혀왔다. 따라서 이 지역에서 성장한 민족들은 중국 역사상 가장 전쟁을 잘하는 '전쟁민족'으로 불린다. 이미 중국의 역사에서도 알려진 바와 같이 원나라는 몽골족이, 청나라는 만주족이 중국 대륙을 통치한 왕조임을 생각한다면 중국의 역사에는 한족이 세운 나라만 있었던 것은 아니다.

중국 동북지역 민족에 대한 최초의 기록에는 그들을 '동호'라고 불렀다. 진나라 시기 『일주서(逸周書)』에는 동호에 대한 기록이 있다. 상나라 초기부터 서한까지 1,300년 동안 동호민족은 유목민족으로 생활해왔다. 진나라가 한나라에 패할 때 동호는 쇠락했고, 기원전 206년 흉노의 공격으로 정권이 와해되었다. 그 이후 두 지파로 나뉘어 오환산(烏桓山)과 선비산(鮮卑山)에 주거하게 되면서 우홍족과 선비족으로 발전했다. 그러나 현재 중국에서 '동호'라는 민족명은 역사 속에서 사라졌다.

영원 3년(91) 한화제 유조(劉肇)는 경기(耿夔) 장군을 오늘날의 몽골 지역에 파견하여 북방지역의 흉노 정권을 공격한 바 있다. 이로써 흉노의 일부 지파는 서쪽으로 도망가 유럽지역에 흩어졌다. 흉노의 패배는 중원 왕조의 오랜 걱정거리를 없애고 동북지역의 소수민족 정권이 숨 돌릴 틈을 얻을 수 있게 되었다. 한족의 집거지역이던 중원지역에 흉노의 억압은 없어졌지만 이 지역은 다시 위, 촉, 오 3국의 전란을 겪게 된다. 이로 인해 한족의 세력은 큰 손실을 입고 동진 말기에 이르러 선비족의 세력이 커지기 시작한다. [그림 1-1]은 동북지역 소수민족 융합의 연대기를 나타낸다.

그 후 200년간 중국 북방지역은 간헐적으로 정권이 세워지기는 했지만 대부분 선비족 정권의 통치하에 있었다. 세력이 커진 선비족은 중원지역으로 세력을 확장하게 되었고, 이로써 중국 역사상 가장 혼란스럽고 참혹한 '오호난화(五胡亂華)' 시기를 맞이한다. 이 난으로 한족이 가장 큰 타격을 입게 되었고 인구의 70%만 생존했다. 이 난은 중국의 '민족 대융합'의 계기가 되었다. 이 난 이후 소수민족의 혈통과 한족의 혈통이 섞이게 되었다. 특히 북쪽 지역에 살고 있던 한족은 소수민족과의 혼혈이 많았다. 유명한 당태종 이세민도 한족과 선비족의 후손이다. 선비족의 주류가 중원으로 이주한 다음 동북지역에 남아 있던 선비족 마을들은 서쪽으로 이동했고 흉노가 물러간 지역에 유연(柔然) 왕국을 세운다. 하지만 얼마 못 가 북위의 토벌대에 패배하고 일부는 오늘날의 네이멍구 동부지역과 동서북지역으로 도망을 간다. 그들은 '실위(室韋)'로 불리다가 오늘날의 몽골족이 된다. 그중 일부는 랴오닝성 중부로 도망을 가서 거란족이 되었고 요(遼)나라를 세운다.

중원 정권이 내란으로 전쟁을 겪고 있을 때, 동북지역 소수민족 정권

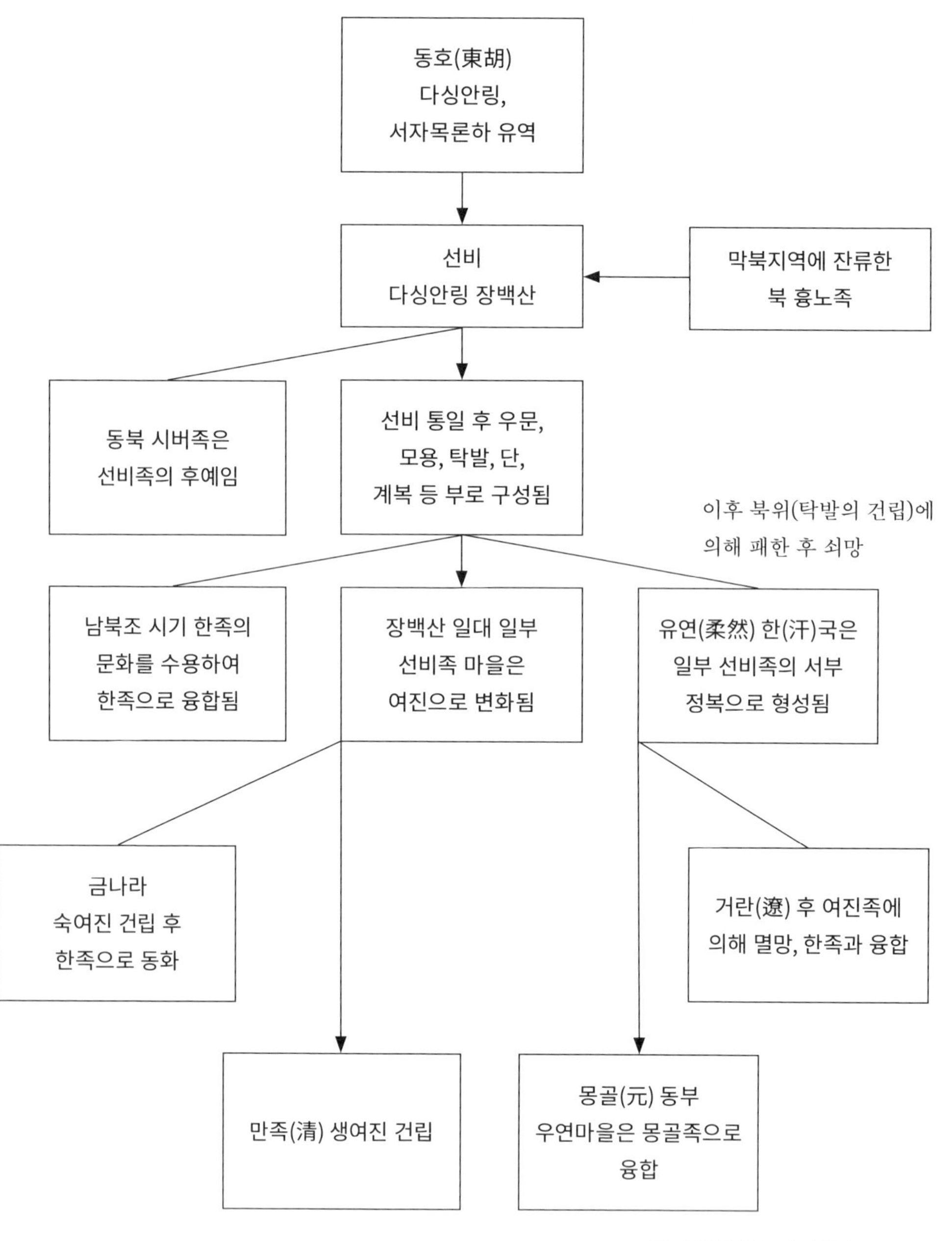

출처: 高洪雷,「另一半中国史」

[그림 1-1] 고대 중국 소수민족 변천사

은 비로소 숨을 돌리고 체제를 정비하여 차분하게 세력을 키울 수 있었다. 따라서 당나라 이후 중국 역사에서 가장 혼란스러웠던 5대 10국 시기에 동북지역의 기타 소수민족 세력은 급속도로 성장하여 중원지역의 송나라 정권이 전국을 통일할 수 없게 만들었다. 이렇게 요나라, 금나라가 남북에서 서로 대치하는 구도가 형성된다. 요나라와 금나라는 모두 중원지역의 송나라를 차지하고 싶었기에 수도를 남쪽에 세운다. 이로 인해 두 나라의 북쪽 변방 경계가 허술해졌다. 이는 추후 칭기즈칸이 몽골부족의 세력을 키우고 남하하여 금나라와 송나라를 멸망시킬 수 있었던 주요 원인이 된다. 요나라와 금나라의 후예들은 나라가 멸망한 후 생존을 위해 자신들을 한인이라고 속여 생존을 도모했다. 이후 역사상 한때 위세를 떨쳤던 거란족은 사라지게 되고 한족과 융합을 이루게 된다.

금나라 멸망 후 일부 동북지역에 잔류하고 있던 여진족은 다행히 살아남아 거란 선조의 문화를 지켰다. 그들은 한족과 동화되지 않고 '생여진(生女真)'으로 불리다가 만주족의 시초가 된다. 동한 말 3국 시대가 열리면서 만주족이 세운 청나라 왕조가 멸망하기까지 1천 년의 역사 속에서 동북지역 소수민족 정권이 중국 북방지역을 통치한 시간은 700년이나 된다. 여진족의 잔류 세력은 중원지역과 대항하는 정권을 세워 중원을 위협했다. 그들은 역사적으로 무려 다섯 차례나 남하하여 중원을 침범했고, 일부 지역을 차지하거나 심지어 한때 전국을 제패하기도 했다.

중국 전체를 통치한 소수민족 정권으로는 원나라와 청나라가 있다. 몽골족이 세운 원나라는 1276년 전국을 통일하여 1368년 중원에서 물러나기까지 92년을 통치했고, 만주족이 세운 청나라는 1644년부터 1911년 신해혁명까지 267년 동안 전국을 통치했다. 이 두 소수민족 왕조의 전국 통치기간은 359년에 달한다.

진나라, 한나라 시기에 중국은 통일을 이루었지만 기원 316년 서금이 멸망하면서 589년 수나라가 전국을 통일하기 전까지 중국은 또다시 273년간 남북 정권의 대치상태에 있었다. 이 시기 동금 그리고 남북조와 대치상태에 있던 16국 정권 중에서 극소수만 한족이 세운 정권이고 나머지 대부분은 소수민족이 세운 정권이었다. 이 정권은 수나라 시기 다시 통일된다. 907년 당나라가 멸망한 다음 5대 6국 시기가 열리고 송나라 시기에 이르기까지 중국은 다시 남북 대치상태에 들어선다. 송나라는 요나라, 금나라, 몽골 등의 위협 속에서 지탱해왔다. 5대 6국 각 왕조 중에서 후당, 후금, 후한은 모두 소수민족 정권이었고, 3개 왕조가 통치한 시기는 5대 시기 53년 중 절반을 차지한다. 당나라가 멸망하고 원나라가 전국을 통일(1276)할 때까지 중국은 369년간 남북 분열이 지속되었다. 이렇게 남북이 대치한 시기에 북방 소수민족 정권이 북쪽의 영토를 다스린 시간은 642년이나 된다(马晓军, 2002).

1차: 기원 4세기 선비족

선비족이 북방지역에 세운 왕국은 연(燕)나라다. 중국 무협소설의 대표적인 작가인 김용의 소설『천룡팔부(天龍八部)』에 등장하는 모용복은 선비족의 후예다. 모용 가문은 그 세력이 대단하여 북쪽 지방뿐만 아니라 중원지역에까지 힘을 뻗었다. 기원 365년 연나라는 낙양을 함락시키고 동진왕조를 대체하여 중원지역의 통치권을 획득한다. 하지만 몇 년 뒤 연나라는 진나라의 부견(苻堅) 장군에게 패한다. 오호십육국(五胡十六國)의 혼란 시기에 선비족은 서진, 후연, 남량, 남연 등의 나라들을 통치하기도 했다.

2차: 기원 10세기 거란족

거란은 선비족의 지파로, 당나라 때부터 그 세가 커진다. 916년 야율아보기(耶律阿保機)가 황제가 되면서 요나라를 세운다. 5대 10국 분열 시기 요나라는 연운 16주를 차지하고 있었다. 당나라가 멸망하자 야율아보기는 북방의 실질적 통치자가 된다. 그 이후 양국은 북송과 오랜 기간 대치상태에 있었다. 요나라가 번성할 때 그 영토가 동쪽으로는 동해, 서쪽으로는 알타이산, 북쪽으로는 아르군강, 남쪽으로는 허베이성 백구하에까지 이르렀다. 요나라는 1125년 여진족이 세운 금나라에 의해 멸망한다.

3차: 기원 12세기 여진족

여진족은 '여정', '여직'으로 불리기도 한다. 수나라 이전에는 이름이 어려워서 발음이 잘 안 되어 알려지지 않았다. 수나라 때부터 '흑수말갈'로 불리기 시작했고, 이 시기를 여진족 형성 시기로 본다. 여진족은 처음에 거란의 지배를 받으며 수모를 겪었다. 거란에게 많은 수탈을 당하고 공물을 진상해야 했다. 완안아골타(完顏阿骨打)가 금나라를 세운 다음 1114년 여진 각 부족을 통일하여 1125년 요나라를 멸망시키고 1127년 북송까지 멸한다. 그러나 완안아골타의 세력도 얼마 못 가 1234년 금나라는 몽골군에 의해 멸망한다.

4차: 기원 13세기 몽골군 남침

몽골족의 고향은 오늘날의 몽골 국가가 아니다. 그들의 기원은 동북지역으로 12세기 몽골족은 대부분 오늘날의 후룬베이얼지역에서 살았다. 당시 몽골족은 세가 약했고 금나라의 수탈을 많이 겪었다. 1206년 테무진이 몽골의 왕이 되면서 '칭기즈칸'으로 호를 정했다. 그 이후 몽골국은 전례

없이 강대한 제국으로 부상하면서 북방을 통일한다. 당시 칭기즈칸은 서하, 서요, 금나라, 남송 모두 제패하면서 역사상 가장 큰 제국을 건국했다. 1234년 금나라가 멸망하자 몽골은 중국 북방지역만 통치하다가 1368년 주원장 왕에 의해 중원지역에서 쫓겨나면서 135년간의 북방지역 통치를 끝내게 된다.

5차: 기원 17세기 여진족

여진족의 역사도 굴곡이 많다. 여진족은 중원지역에 최초의 정권을 수립한다. 1234년 금나라가 몽골에 의해 멸망한 후 원나라 통치 시기에 여진족의 세력을 약화시키기 위해 사냥을 금지했다. 그 후 여진족은 명나라와 동맹을 맺고 원나라를 멸망시킨다. 이후 그들은 남하하여 오늘날의 랴오닝성으로 이주한다. 토목보사변(土木堡事变) 이후 명나라는 점점 세가 강해지는 여진족을 통제하기 위해 분할관리 정책을 실시했다. 하지만 여진족의 세력을 꺾지 못했고, 1583년 누르하치가 전쟁을 일으킨다. 1616년 누르하치는 여진족을 통일하고 몽골과 조선을 침범하여 중원지역을 점령하면서 중국의 마지막 봉건왕조인 청나라를 건국한다.

3 동북지역 소수민족 거주지의 지리·문화적 환경

동북지역 동쪽의 변경지역은 외국과 맞닿아 있고, 지리적으로도 구역이 구분되어 있다. 이 지역은 러시아의 극동지역 및 한반도의 북쪽인 북한과 맞닿아 있고, 한반도의 동해와 서해를 사이에 두고 있다. 또한 소흥안령 동쪽의 장백산맥 서쪽지역 그리고 야루강, 떠우만강, 쑹화강, 헤이룽강/아무르강 등의 광활한 지역을 끼고 있다. 행정구역으로 보면 랴오닝성, 지린성, 헤이룽장성의 3성과 이들 성의 43개 현을 포함하고 있다. 랴오닝의 단둥, 번시, 지린의 퉁화, 바이산, 옌볜조선족자치주, 헤이룽장의 무단장, 지시, 치타이허, 솽야산, 자무쓰, 허강을 포함한다. 면적은 동북 3성 전체 면적의 28.3%를 차지하고, 인구도 동북 3성 인구의 18%를 차지한다. 동북지역의 동쪽 변방지역은 지리적 환경과 인구분포에서 역사적 영향, 문화침투 현상으로 동북아 지역문화의 공통된 특징을 지니고 있다.

동북지역은 산과 물이 맞닿은 자연환경, 기후조건, 생활방식, 혈연관계, 세시풍속 등의 문화들이 서로 영향을 주고받으며 독립적인 문화권을 형성한다. 중국의 동북지역에는 모두 53개의 민족이 있어서 다민족 및 다문화지역으로 불린다. 동북 동부지역의 11개 도시 중 독립적으로 세워진 소수민족 향진은 43개가 있다. 그중 만주족 자치현은 5개, 만주족 향은 4개, 조선족 향은 16개, 조선족 진은 5개, 조선족·만주족 향은 7개, 허저족 향은 3개, 어원커족 향은 1개, 몽골족 진은 1개, 만주족·서파족 진은 1개가 있다. 그들은 함께 어우러져 살고 있으며, 소규모 민족그룹별로 집거하여 생활하고 있다.

동북지역은 만주족이 토착 민족으로, 그들의 문화가 중심을 이루고 있다. 만주족은 중국 동북 3성 지역에 가장 많이 분포되어 있다. 이 지역의 만주족 인구는 만주족 전체 인구의 70%를 차지한다. 지금은 랴오닝성에 가장 많이 살고 있으며 그 수가 550만 명가량 된다. 이는 만주족 전체 인구의 51%에 달하는 숫자다. 헤이룽장성과 지린성에 거주하는 만주족은 200만 명 정도로 전체 인구의 20%를 차지한다.

토착문화에는 지역문화적 특징들이 많이 녹아 있다. 그들은 자연생태환경에 의지하여 자신들의 생활문화를 구축하므로 이러한 지역문화적 특징들은 그들의 생활방식 곳곳에서 나타난다. 동북지역은 산과 강 그리고 평원지대가 넓게 분포되어 있어 사냥, 낚시 등 경제활동을 할 수 있고, 평원지대는 농사를 할 수 있다. 동북지역 주민들은 한파를 이겨내야 하므로 강인한 성격을 보유하고 있다. 이는 토착민족들의 독특한 세시풍속을 만들어내기도 한다. 중국의 동북지역은 인간이 거주한 지 오래된 문명지역으로 만주족의 토착문화는 동북지역문화의 근간을 이루며 다른 소수민족 문화에도 많은 영향을 미치게 된다.

다양한 민족이 어우러져 생활하고 있어 이 지역의 민족문화는 융합형태를 많이 띠고 있다. 이 또한 동북지역문화의 주요 특징이기도 하다. 허저족은 중국에서 인구가 가장 적은 소수민족 중 하나로 자무쓰와 쐉야산에 살고 있으며, 만주족과 조상이 근접하다. 어원커족 주민의 80%는 네이멍구에 살고 있고, 그 외에는 동북 동부지역 치타이허에 살고 있다. 그들의 숫자는 많지 않지만 동북지역 여러 민족의 각개 지파로 고유한 문화를 간직하고 있다.

중국 전체의 조선족 인구 중 96%가 동북지역에 살고 있다. 이 중 지린성에 61%, 헤이룽장성에 23%, 랴오닝성에 12% 정도가 거주한다. 동쪽에 위치한 옌볜은 중국의 가장 큰 조선족 집거지역으로 유일한 소수민족 자치주다. 바이산지역에는 중국에서 유일한 조선족 자치현인 창바이현이 있다. 무단장시는 조선족 집거지역으로 단둥시의 조선족 상주인구는 20만 명가량 된다. 중국의 조선족은 100여 년 전 한반도에서 동북지역으로 이주하면서 형성된 민족이다. 이 때문에 조선족 문화는 한반도의 문화와 깊은 혈연관계를 가지고 있었다. 현재 중국 조선족 가운데 5천여 명에 달하는 조선족은 17세기 초 청나라가 관내로 들어오기 전 조선을 침범했을 때 포로가 되어 잡혀와 귀족농장에서 농노였던 사람들의 후예다. 그들의 대부분은 허베이성과 랴오닝성의 '박가골'에 거주하고 있으며, 1950년대 자발적으로 정부에 자신들을 만주족에서 조선족으로 고쳐줄 것을 신청했다. 19세기 후반부터 1940년대 초반 사이에 네 차례의 이민 붐이 있었다.

제1차 이민 붐은 1895년 청나라가 펑티엔성의 봉금령을 철폐하고, 1881년 지린성의 봉금령을 철폐한 뒤 이 두 성에 부민국과 황무국을 설치하여 농민들을 모집하여 황무지를 개척하고 농사를 지었을 때다. 이 시기 한반도 북부는 여러 차례 연이은 재해가 일어나 기아에 허덕이던 사람들이 대거 떠우만강과 야루강을 넘어 중국 동북지역으로 이주했다. 1897년에는 청나라와 러시아가 중동 철도를 구축하는 협정을 체결한 후 1903년 철로가 개통되었다. 이 구축공정에 한반도 북부와 연해주에 이주해온 많은 조선인 노동력이 동원되었다. 철도가 부설된 후 적지 않은 노동력이 철도선 부근에서 농사를 짓거나 기타 노역에 참여했는데, 이것이 바로 제2차 이민 붐이다.

제3차 이민 붐은 일본제국주의가 한반도를 강점한 후 토지조사에 의해 파산한 조선 농민들이 일본제국주의의 식민지 압박에 견디지 못해 중국 동북으로 이주한 것이다. 제4차 이민 붐은 1936년 위만주국과 조선총독부가 이민협정을 체결하고 매년 조선의 농민들을 만주국에 1만 호씩 이주시켰을 때다. 1941년 일본 정부는 '개척단'이라는 명목하에 기만적인 수법으로 한반도 남부의 농민들을 동북지역으로 이주시켰다. 1945년 8월 15일 일본이 패전선언을 했을 당시 동북지역에 거주하고 있는 조선인은 이미 170만 명을 넘어섰다. 조선족이 중국의 소수민족으로서 정부로부터 인정받은 것은 중화인민공화국이 수립된 이후다.

4 동북지역 각 소수민족의 분포

만주족은 동북지역에서 가장 오래 생활한 민족으로 숙진 및 여진족에서 기원했다. 현재 인구는 1천만 명가량이며, 중국 소수민족 중에서 좡족 다음으로 인구가 많다. 만주족의 80%는 동북지역에 거주하며 주요 분포지는 랴오닝성, 허베이성, 지린성, 헤이룽장성 등이다. 이 중 랴오닝성에 가장 많은 인구가 거주하고 있는데, 특히 슈옌, 펑청, 콴뎬, 환런, 번시, 신빈, 칭위안, 베이전현 등에 많이 거주한다.

헤이룽장성 이란은 만주족의 발상지로, 그들에게는 '민족의 성지'로 불린다. 청나라 시기에는 솽청, 아청, 쑤이화, 왕쿠이, 헤이허 지역에 팔기를 세우고 관리했다. 현재 약 120만 명의 만주족이 살고 있다. 네이멍구, 간쑤, 신장, 윈난 그리고 광시 등 변방지역에도 만주족이 넓게 분포되어 있으며 그중 네이멍구 동부지역에 많이 살고 있다. 만주족의 전통의상인 남성의 두루마기(창파오)와 여성의 치파오는 중국뿐만 아니라 해외에서도 사랑받는다.

몽골족의 조상은 몽올실위(蒙兀室韋)로, 다싱안링 서북지역 아르군강 동쪽의 유목민족이다. 몽골족 인구는 490만 명가량 되는데, 그중 60%가 네이멍구 자치주에 거주하고 있다. 동북 3성 지역에도 많은 편인데 랴오닝성의 푸신(阜新), 객 라비좌익(喀 喇泌左翼), 지린성의 첸궈얼뤄쓰(前郭爾羅斯)와 헤이룽장성의 누어버터 모두 몽골족 자치현을 설립했다. 서북지역의 신장은 몽골족이 많이 주거하는 지역이다. 거기에도 2개의 몽골족 자치주인 부얼다라와 바인궈렁이 있고, 이에 속하는 자치현이 있다. 간쑤성과 칭하이성에도 몽골족이 살고 있다. 몽골족은 목축업을 주 생계수단으로 하며 가무에 능하고, 씨름, 말경주, 활쏘기 등 운동을 좋아한다.

조선족은 한반도에서 중국 동북지역과 네이멍구 동부지역으로 이주한 소수민족이다. 인구는 대략 200만 명이다. 동북지역 동부, 중부 하천가에 거주하고 있다. 랴오닝성에서는 단둥, 관뎬 등 야루강변에 살고 있다. 지린성 옌볜지역과 창바이현은 조선족 자치주와 자치현이 설립되어 있다. 헤이룽장성의 닝안, 하이린, 둥닝, 미산, 지둥 등의 시 · 현에도 조선족 향이 있다. 네이멍구 자치주 동부 하천변에도 일부 살고 있다. 조선족은 벼농사 경험이 풍부하여 주요 생계수단으로 삼고 흰옷을 즐겨 입으며 가무와 운동을 좋아한다.

다우르족은 과거 '거란'으로 불리기도 했다. 중국에서 인구가 가장 적은 소수민족 중 하나다. 주로 네이멍구 자치구, 헤이룽장성에 살고 있으며 일부는 신장, 랴오닝에 살고 있다. 명나라 초기 헤이룽강 북쪽으로 이주했다. 17세기 이전 다우르족은 헤이룽강 북쪽 기슭에 모여서 생활했는데, 그 당시 다우르족은 경제문화가 가장 발달한 민족이었다. 17세기 중반 러시아가 헤이룽강 지역을 침략하면서 강북에 거주하던 다우르족은 남하하게 되고, 넌강 지역에서 살게 된다. 청나라 정부 때 청장년을 징용하여 동북과 신장 국경도시들을 지키게 되면서 널리 퍼져 현재의 분포를 이루게 되었다.

다우르족 인구는 12만 명이다. 그들은 네이멍구 자치주 동부지역과 헤이룽장성 서부지역에 살고 있다. 네이멍구에는 모리다와 다우르족 자치현이 있다. 헤이룽장성 치치하얼시, 푸위현, 헤이허시에도 다우르족 민족향이 있다. 신장, 지린, 라오닝에도 일부 다우르족이 살고 있다. 신장 타청에도 민족향이 있다. 다우르족은 자신들의 민족언어가 있지만 문자는 없다. 그들은 라틴자모를 기초로 한 문자를 만들었다. 다우르족은 모두 중국어를 구사하고, 한자를 쓸 수 있다. 몽골족과 함께 거주하는 다우르족은 몽골어가

능숙하다. 다우르족은 타고난 싸움꾼으로 금나라 때 징병으로 사람들이 세 차례나 쒀룬(索倫) 정복에 나섰다. 그때 당시 사람들은 "쒀룬의 기마병은 천하제일이다"라고 했다.

청나라 때는 북방 국경지역에서 일어난 모든 전쟁에 다우르족 장병들이 참전했다. 그들은 항일전쟁 시기에도 참전하여 동북지역의 독립에 공을 세운다. 다우르족은 흥이 많은 민족으로 춤과 노래를 좋아한다. 민간 음악으로는 산가, 대결가, 무가 등 다양한 형식이 있다. 다우르족은 필드하키의 명장들을 많이 배출하는 고장으로 유명해졌고, 그중에서 특히 모리다와다우르 자치현은 1989년 국가체육진흥위원회에서 '필드하키의 고장'이라는 명예를 얻게 된다.

어원커족(옛적에는 '퉁구스' 또는 '쒀룬'으로 불림)은 인구가 2만 6천명 정도다. 러시아 시베리아 지역 그리고 중국 네이멍구와 헤이룽장성, 몽골에도 일부 분포되어 있다. 중국에서는 다싱안링 동서 양쪽의 후룬베이얼 초원과 강가에 거주하고 있다. 가장 많은 사람이 살고 있는 지역은 하이라얼시 남쪽의 어원커족 자치기, 그리고 천바얼후기와 야커스시다. 다음으로는 다싱안링 동쪽의 넌강 유역에 분포되어 있다. 그들 중 일부는 헤이룽장성 서쪽 지역에서 생활하고 있다. 대부분 목축업에 종사하고 순록을 주요 가축으로 키운다. 어원커는 그들 스스로 부르는 민족 명칭으로 '산속에 사는 사람들'이라는 뜻을 가지고 있다. 어원커족의 민족언어는 크게 퉁구스 알타이어 북방지파에 속한다. 어원커족은 일상생활 속에서 민족언어를 사용하고, 민족의 문자는 없다. 일부 어원커족은 유목민으로 몽골어를 상용하고 농민들은 중국어를 사용하기도 한다. 어원커족은 유목민에서 정주하는 민족으로 변화했지만, 목축업은 여전히 그들의 생활경제 기반으로 자리 잡고 있다. 그들의 전통문화는 다양한데, 이는 그들의 복장과 음식 등

문화에서 표현된다.

어룬춘족의 인구는 약 7천 명으로 중국 동부지역 소수민족 중에서도 수가 적다. 그들은 주로 헤이룽장성 북부지역과 네이멍구 동부지역에서 생활하고 있다. 헤이룽장성의 쉰커, 헤이허, 후마, 타허 등 지역에 5개의 자치기를 설립했다. 다싱안링 숲 지대에 거주하는 어룬춘족은 알타이어계 퉁구스지파인 어룬춘어를 사용하고, 문자는 없다. 원시시절에는 나무와 가죽에 문자를 새겼고, 매듭을 꼬아 사건을 기록했다. 긴 세월 동안 수렵활동과 채집생활을 하면서 자신들만의 독특하고 다채로운 문화를 형성했다. 음악, 무용, 조형예술 등에서 수렵민족의 특성을 살펴볼 수 있다.

허저족은 중국 동북지역의 오랜 민족으로 기원은 동해 여진 허저부족이다. 허저족은 중국 북방지역에서 유일하게 어업을 생계로 하는 민족으로 세월이 지나면서 양식업 그리고 농업에도 종사하게 되었다. 허저족은 고대에 멸족될 위기에 이르렀지만 중화인민공화국 건국 이후 보존된 민족이다. 주로 헤이룽장성 퉁장시, 라오허현, 푸위안현에 살고 있다. 허저족의 일부는 화촨, 이란, 푸진 3개 현과 자무쓰시에 거주하고 있다. 그들은 살고 있는 지역에 따라 민족명이 다르게 나타난다. 푸진현 대돈연 송화강 상류지역에 거주하는 허저족은 '나베'라고 부른다. 가얼당둔과 진고촌에 사는 허저족은 자신들을 '나나이'라고 부르며, 러더리 마을에서 헤이룽강 하류 그리고 오소리강변에 살고 있는 허저족은 '나니오'라고 부른다. 2010년 제6차 전국 인구조사 통계 자료에 따르면 허저족의 인구는 5,354명이다. 알타이어, 퉁구스어, 만어 지파인 허저언어를 사용하며 문자는 없다. 한족과 오랜 기간 교류하고 함께 거주했기에 중국어도 그들의 통용 언어가 되었다.

어떤 민족이든 인간의 보편적인 성향과 기질을 가지고 있다. 환경에 따라 그 성향과 기질 가운데 더 자주 표현되거나 중요시되는 것이 다를 뿐이며, 경우에 따라 동일한 사람도 다양한 문화적 요소를 동원하는 전략적 반응을 보인다. 그들의 이야기에는 각 지리문화권에 해당하는 기호, 풍토, 종교적 특징이 내재되어 있을 뿐만 아니라 각 민족의 고유한 정서와 문화가 고스란히 배어 있다. 또한 그들의 민속에는 각 지리문화권에 해당하는 기후, 풍토, 종교적 특징이 내재되어 있으며 각 민족 고유의 정기가 살아 숨쉬고 있음을 엿볼 수 있다.

동북지역은 산과 강, 평원지대가 넓게 분포되어 있어 사냥, 물고기잡이 등 경제활동을 할 수 있고, 평원지대는 농사를 지울 수 있다. 동북지역 주민은 한파를 이겨내야 하므로 강인한 성격을 보유하고 있다. 이는 토착민족들 고유의 독특한 세시풍속을 만들어내기도 한다. 중국의 동북지역은 인간이 거주한 지 오래된 문명지역으로 이 지역에 거주하는 소수민족들은 민족의 기원신화를 가지고 있었으며, 그들이 이루어낸 토착문화는 동북지역문화의 근간을 이루며 다른 소수민족 문화에도 많은 영향을 미치게 된다.

2장

만주족 이야기

1 기원 및 성립과정

1) 종족 기원신화

만주족의 형성과 발전은 오랫동안 역사 속에서 다양한 굴곡을 겪으면서 분열 · 융합 · 재구성의 의 과정을 거쳐 이루어졌다. 만주족의 조상인 여진은 오랫동안 국가를 형성하지 못하고 부족민으로 살았다. 누르하치는 1583년 병사를 일으켜 1588년 건주여진을 통일하고 1616년 마침내 아이신 구룬(금국)을 수립했다. 1619년 누르하치는 해서여진의 여허를 멸망시킴으로써 여진족의 대부분을 통일했다. 그의 후계자인 홍타이지는 아이신 구룬을 여진인, 몽골인, 한인이 공존하는 다민족 국가로 발전시켜갔다(이훈, 2018). 만주족은 다민족으로 형성된 하나의 민족으로 명나라 말기에 이르러서야 단일 민족 공동체를 형성했다. 독립된 민족이 아니었기에 하나의 동일한 민족 기원신화를 간직하고 있지 않다. 그들의 민족 기원신화는 기존의 다양한 민족의 신화를 바탕으로 정치적·역사적 맥락에 따라 통치 집단의 신격화에 이용됨으로써 분산되어 있었다. 이러한 영향으로 만주족은 그 수가 방대함에도 응집력이 부족하고 민족정체성이 뚜렷하지 않다.

만주족의 '삼선녀(三仙女)' 신화는 이러한 정치적 배경 속에서 탄생했다. 황제가문인 아이신지로 성씨의 기원신화는 만주족의 종족 기원신화로 바뀌기도 한다. 왕권의 통치를 견고하게 다지기 위한 이데올로기 지배수단으로 사용된 것이다. '삼선녀' 신화는 만주족이 최고 통치 집단인 아이신지로 가문의 탄생 신화다. 신화에서는 봉건왕권의 당위성을 주장하기 위해 왕은 하늘이 내린 사람이고, 이 성씨를 가진 모든 구성원은 왕의 자손으로 신격화된다.

[그림 2-1] 삼선녀 신화(출처: 중국동북민족민속박물관, 김영순)

[그림 2-2] 만주족 기원신화(출처: 중국동북민족민속박물관, 김영순)

따라서 황족의 기원설은 모든 만주족에게 당연시되었다. 만주족의 기원신화는 왕의 정치와 통치적 사상을 표현함으로써 통치자들의 비범한 출신, 신격화에 중점을 둠으로써 통치에 당위성을 부여했다.

현재 수집 정리한 민족 기원신화를 조사해보면 만주족은 종족 기원설이 없었던 것으로 밝혀진다. 민간에는 만주족의 전신인 여진족의 기원설이 전해져 내려오고 있었다. 그 내용은 원시적 신화의 모습을 간직하고 있고, 연구의 가치가 있다. '여진족 기원설', '여진 전기', 그리고 아아천 선생이 구술한 여진족 기원신화 등도 포함되어 있다. 이러한 기원신화는 동물이 은혜를 갚는 형태를 많이 지니고 있다. 그 밖에 혼인을 민족의 기원에 담은 이야기들이 많이 전해진다. 이런 이야기들은 배우자 중 1명이 동물의 형상에서 여인으로 변화하는 모습을 보여주고 있어서 동물숭배, 신령숭배 사상을 드러내고 있다. '여진족 기원설'에서는 천녀가 하늘의 법을 어기고 천병에게 쫓기는 이야기도 있다. 이러한 기원설에서 신화의 신격화 장치를 볼 수 있다. 또한 신화는 '여진'이라는 민족명을 중국어 형태의 단어를 사용함으로써 한족으로 동화되는 흔적을 보여준다. 이는 만주족과 한족의 민족 융합의 모습을 드러낸다.

2) 민족의 탄생과 발전

만주족은 유구한 역사를 지닌 민족 중 하나다. 만주족의 기원은 7천 년 전의 숙진신 개류 문화와 다아충 문화 시기까지 거슬러 올라간다. 숙신(肅愼), 읍루(挹婁), 물길(勿吉), 말갈(靺鞨), 발해(渤海), 여진(女真)은 만주족의 조상과 맥을 같이한다. 흑수말갈은 만주족의 직계 조상으로 이후 여진족이 되었다.

만주족은 중국 역사상 왕조를 건립한 최초의 소수민족이다. 115년 완안아골타(完顔阿骨打)가 금나라를 세운다. 1583년 누르하치(努爾哈赤)는 여진족을 통일하고 군정합일의 팔기제도를 도입했다. 그는 1616년 후금 정권을 세웠다. 1635년 홍타이지 황제는 옛 민족명을 버리고 '만주족'으로 개명했다. 1636년에는 후금을 '청나라'로 명명했다. 1644년 청나라 군대는 중원을 침범하여 정권을 세우고, 북경을 수도로 정했다. 신해혁명 이후 민족명을 다시 '만주족'으로 칭한다.

만주족은 봉건왕조 시기에 청나라를 세웠고, 중국의 봉건지주 계급제를 유지하면서 260년간 중국을 다스렸다. 강희, 융정, 건륭 3대 황제는 모두 역사적으로 혁혁한 공을 세운 황제들이다. 만주족 시조들은 숲에서 사냥을 하고, 강에서 물고기를 잡으면서 생활했지만 세월이 흐르면서 정착하여 농사짓는 생활을 했다. 만주족은 남녀 모두 말 타기, 활쏘기를 잘한다. 만주족 남자아이들은 일곱 살이 되면 활로 나는 새를 맞히는 연습을 시작하고, 여자아이들도 말 타기와 활쏘기를 잘한다. 만주족의 수렵생활 습성은 민족의 오랜 관습으로, 강희 황제 시기에는 대규모의 황가 수렵장을 지어 수렵을 즐겼다.

2 의식주와 생활문화

1) 복장

머리 모양

만주족 남성들의 머리 모양은 앞머리를 빡빡 밀고, 뒷머리를 남겨서 길게 땋아 드리우는 모습을 하고 있다. 이에 대한 기록은 1595년 조선의 사절단 신충일이 누르하치성에 다녀와서 쓴 견문록『건주기정도기(建州紀程圖記)』에서 찾아볼 수 있다. "여진족은 모두 머리를 밀고, 뒷머리를 조금 남겨 길러서 길게 땋는 모습을 하고 있다. 수염은 좌우로 10여 가닥만 남기고 모

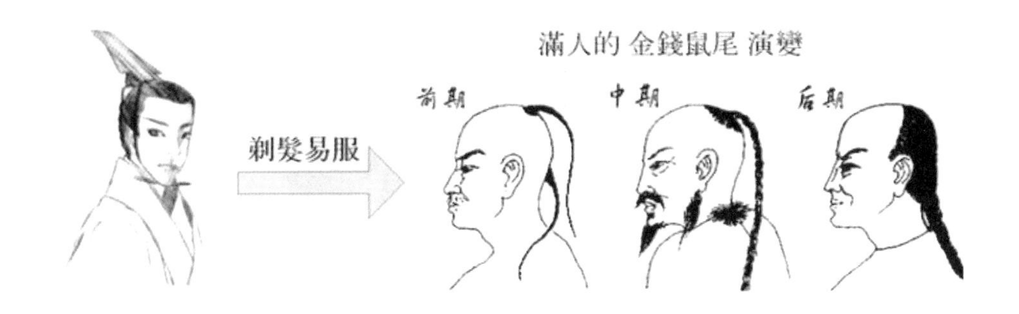

[그림 2-3] 청나라 후기 남자 머리 모양(출처: 历史上的今天 http://www.zmdtvw.cn/showinfo-33-74710-0.html)

두 민다." 청나라 초기 머리 모양은 쥐꼬리 모습과 흡사하다. 청나라 중기에 이르러 머리숱이 점점 많아지는 경향을 보이기는 하지만 오늘날 우리가 흔히 보는 사극에 나오는 청나라 말기 사람들의 머리숱보다는 훨씬 적다.

만주족 여자들은 어려서부터 남자아이들과 함께 말 타기와 활쏘기를 배우며, 머리 모습도 중앙을 중심으로 주변의 머리를 밀고, 중앙 부분의 머리는 두 갈래로 땋아서 드리운다. 여자는 성인이 된 16세 이후부터 머리를 기를 수 있다. 결혼한 여성들은 머리를 다양한 모습으로 장식하는데 세숫대야 머리 장식, 양 갈래 머리, 계단식 머리 장식 등 다양하다. 그중에서 양 갈래 올림머리 모양이 가장 흔한 스타일이다. 양 갈래 올림머리란 머리카락을 중앙에서 묶어 두 부분으로 나누어서 땋고 뒷머리의 남은 부분을 제비꼬리처럼 넓게 펼쳐서 드리우는 머리 모양이다. 평소에는 길이가 20~30㎝ 정도, 넓이가 2~3㎝인 비녀를 꽂는다. 경사가 있거나 귀한 손님을 맞이할 때는 타라츠를 꽂는다.

리양바터우(兩把頭)는 '얼바터우(二把頭)'라고도 하며, 중국 청나라 시기 황후, 귀빈, 공주, 궁녀 등 궁궐 안에서 생활하는 여성과 귀족 부녀, 관원의 처첩 등이 궐에 들 때 사용하는 머리 장식이다. 리양바터우는 머리카

[그림 2-4] 리양바터우(출처: news.makepolo.com)

락을 모두 머리 위쪽으로 묶어 올리고, 수평 방향의 기다란 틀을 대고 머리를 양 갈래로 감아 묶어 비녀로 고정한다. 뒤쪽의 남는 머리는 묶어서 쪽을 진다. 만주족 여성들은 시집갈 나이가 되면 하나로 땋고, 결혼 이후에는 양 갈래 또는 한 갈래로 땋는 등 다양하다. 머리 모습은 전체를 앞뒤로 구분하여 앞머리는 장식을 올려 다양하게 꾸미고, 뒷머리는 제비꼬리처럼 늘어뜨린다. 이러한 머리 장식은 만주족 여성들의 기품을 더해주어 우아함을 드러낸다.

'기두(旗頭)', 만주어로 '타라츠'라고 불리는 부채형 머리 장식은 만주족 부녀들이 혼례의식 등 정중한 자리에서 하는 것이다. 철사 또는 대나무로 대를 세우고, 청색 비단이나 사포로 감싸는 길이 30㎝, 너비 10㎝의 부채꼴 모양의 머리 장식인데, 만들어서 머리 위에 올리면 된다. 그 위에는 수를 놓거나 여러 가지 보석으로 장식하고 긴 술을 드리우기도 한다. 이 머리

[그림 2-5] 만주족 여성의 다양한 머리 장식(출처: my.caihongtang.com)

장식은 만주족 상류층 부녀자들의 전유물이며 일반 가정의 여성들은 결혼, 명절, 조상에게 제를 올릴 때만 할 수 있다. 길고 넓은 이러한 머리 장식은 목의 움직임을 최소화하게 만들고, 상반신에 힘을 주어 목을 반듯하게 세워주며 긴 차이나드레스와 굽 높은 신발까지 갖추면 걸음걸이가 우아하고 기품 있어 보인다.

말발굽 신발

타라츠 외에 만주족 여성의 신발인 기장(旗裝)도 독특한 모습을 하고 있다. 만주족은 발의 힘을 자랑하는 민족이기에 여성들도 등산을 하고 말을 타는 자유분방함을 지니고 있다. 따라서 그들은 한족과 달리 전족을 하지 않고 큰 발을 '천족(天足)'이라고 생각하며 아름다움의 상징으로 여겼다.

만주족 여인들은 신발 장식에 심혈을 기울이는데, 대표적으로 '기혁'

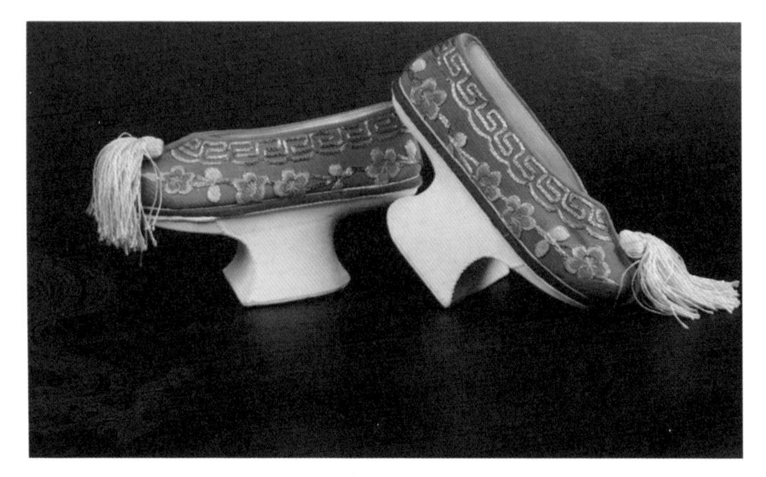

[그림 2-6] 만주족 여성의 신발(출처: https://baike.baidu.com/item/%E6%B8%85%E4%BB%A3%E8%8A%B1%E7%9B%86%E5%BA%95%E9%9E%8B/6639333?fr=aladdin)

이 있다. 기혁의 바닥은 나무로 굽을 했고, 굽이 발바닥 중앙에 위치해 있으며, 아름다운 자수를 놓는다. 통굽이 달린 이 신발은 두 가지 종류가 있는데, 하나는 화분 모양이고 또 하나는 말발굽 모양이다. 나무 굽의 높이는 대략 5~10cm이고, 14~16cm를 자랑하며, 25cm나 되는 신발도 있다.

만주족의 신발은 흰 천으로 감싸는 것이 특징이고, 발바닥 중앙 부위에 굽이 있다. 발굽의 형태에 따라 두 가지 모양이 있다. 한 가지 모양은 위가 넓고 아래가 좁은 타원형 모습을 하고 있다. 겉으로 보기에는 화분 같은 형태를 띠고, 다른 한 가지 모양은 위가 좁고 아래가 넓으며 앞은 평평하고 뒷면은 둥근 모양을 하고 있다. 바닥은 말발굽 모양으로 보인다. 화분형과 말발굽형의 이름은 이러한 형태를 따서 불리게 되었고, 흔히 '통굽 신발'로 부른다.

신발에는 나비나 꽃 무늬를 수놓고 굽에도 바닥을 제외하고 수를 놓거나 금색, 은색 또는 구슬로 장식한다. 일부 신발은 신발 머리에 구슬 모

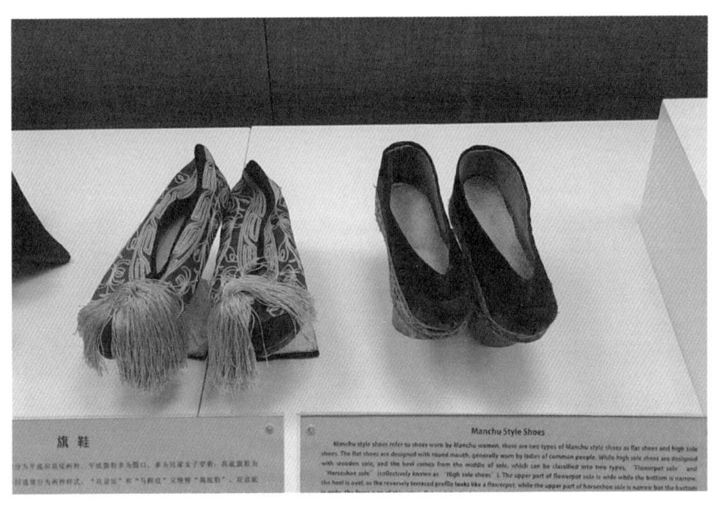

[그림 2-7] 기혁(출처: 중국동북민족민속박물관, 김영순)

양의 실뭉치를 달거나 술을 달아 길게 드리우기도 한다. 나무 굽이 튼튼하여 신발이 해져도 굽은 그대로여서 재사용할 수 있다. 만주족의 통굽 신발은 16세 이상 여인과 중년여자들이 집안 행사 시 품격을 지키기 위해 신는다. 나이든 부녀자들은 굽이 없는 평굽 신발을 신는데, 신발 바닥의 앞부분을 경사지게 깎아서 걸음걸이를 용이하게 만들기도 한다. 관직에 있는 귀족 부녀자들은 청년, 중년, 노인 모두 굽 높은 신발을 신는 것이 특징이다. 오늘날 기혁은 문화예술 행사 시 공연용으로만 신는다.

민간에서는 산에서 열매를 채취하거나 버섯을 채집할 때 뱀이나 벌레를 피하기 위해 신발 밑에 나무를 묶어서 발을 보호한 데서 기원했다고 전해진다. 이 밖에도 통굽 신발의 기원은 만주족 시조들이 진흙탕을 건너 빼앗긴 성곽을 되찾아 승리한 선조의 공을 기리기 위함이라고도 전해진다. 만주족은 백학을 숭배하고, 신발을 높은 나무에 묶어서 승리를 기억하는 의식도 있다. 이는 지난날의 어려움을 잊지 않고 통굽 나무 신발의 공을 기리기 위해 여성들이 나무 신발을 신어서 후대에 전하는 것으로 해석된다.

의상의 특징

만주족 남성은 예전에는 짙은 남색의 긴 두루마기 같은 옷을 입었다. 이는 과거 만주족 여성의 의상과는 스타일이 많이 다르다. 만주족 여성은 한족과 달리 전족을 하지 않는다. 그들은 신발에 예쁜 꽃 모양 장식을 수놓고, 신발 바닥 중앙에는 10㎝ 높이의 나무 굽을 한다. 이 신발을 신으면 반듯한 자세를 유지하게 되고, 허리와 엉덩이를 자연스럽게 좌우로 흔들면서 걷는 모습을 유지하게 된다. 만주족 여성들의 머리 모양은 다양하지만 미혼인 아가씨들은 간단하게 뒤로 묶기도 한다.

청나라(1644~1911) 시기의 의상은 우아하고 화려하며 다양한 것이

[그림 2-8] 만주족 남성의 전통의상인 창파오(출처: pic.tukexw.com)

[그림 2-9] 말 타기에 편한 만주족의 남성 의상(출처: pic.tukexw.com)

특징이다. 남성 의류와 여성 의류뿐만 아니라 아동복의 액세서리를 포함한 모든 의상은 이러한 다양성을 완벽하게 표현한다.

1644년 중국에서 만주족 왕조가 권력을 장악하면서 새로운 형태의 옷이 등장했다. 우선, 만주족과 원주민인 한족이 모두 착용한 정식 및 준정식 예복에 변화가 있었다. 만주족의 전통을 계승한 새로운 유형의 의상이 보편화되었다. 예복은 몸의 오른쪽을 따라 고정된다. 맨 밑에는 슬릿이 장착되어 있는데 만주족은 4개, 한족은 드래곤 가운 아래쪽에 2개의 슬릿이 있다. 소매의 모양이 크게 바뀌어 길고 넓은 소매 대신 세 갈래로 갈라진 좁은 소매로 바뀌었다. 소매의 윗부분은 의복 몸체에 통합되었다. 중앙의 진한 파란색 부분은 팔뚝을 감싸고, 바닥 부분은 손을 보호하는 말굽 모양의 소매로 구성되었다. 만주족은 유목 민족으로서 승마에 적합한 의상이 특징이다.

[그림 2-10] 만주족 여성 의상(출처: https://detail.tmall.com/item.htm?spm=a230r.1.14.61.37af5f14F8vXIi&id=536949217758&ns=1&abbucket=10

기장(旗裝)은 만주족 남녀노소가 사계절 내내 입는 옷이다. 이 옷은 재단이 간단하고, 둥근 깃에 앞뒤 품이 넓고, 소매는 좁다. 모두 네 부분으로 나뉘며, 옆트임이 긴 것이 특징이다. 이 역시 말을 타고 내릴 때 편하게 오르내릴 수 있게 설계되었다. 또한 좁은 소매는 활쏘기에 편하게 설계된 것으로 볼 수 있다. 위 그림은 만주족 여성이 차이나드레스 위에 조끼를 입은 모습이다. 조끼에는 정교한 그림들이 수놓아져 있다.

만주족 여성들은 시집갈 나이가 되면 머리를 하나로 땋고, 결혼 후에는 양 갈래 또는 한 갈래로 땋기도 한다. 머리를 앞뒤로 나누어 앞머리는 장식을 올려 다양하게 꾸미고, 뒷머리는 제비꼬리처럼 늘어뜨린다.

[그림 2-11] 만주족 의상(출처: 중국동북민족민속박물관, 김영순)

2) 음식

만주족은 그 수가 많고, 주거지역이 한족과 가까이에 있기에 서로 동화되고 통합되면서 음식문화 등이 한족과 거의 비슷하다. 쌀, 좁쌀, 밀가루 음식을 많이 먹는 편이다. 그 외에도 민족의 전통적인 주식이 있다. 만주족은 단음식을 좋아하고 명절 때 만두를 빚는다. 또한 버버(餑餑), 쏸탕즈(酸湯子), 싸치마(薩其瑪), 샤브샤브 등 민족 고유의 음식이 있다. 만주족의 음식에는 그들의 오랜 생활문화의 흔적들이 곳곳에 깃들어 있다.

만주족의 선조들은 동북지역의 백산흑수 지역에서 생활했기에 돼지를 사육하여 돼지고기를 많이 먹는다. 그 밖에도 물고기, 사냥, 채집생활도 함께했다. 음식의 주재료로는 물고기, 짐승고기, 야생식물, 버섯 등이 있다.

[그림 2-12] 옛날 만주족 여성들의 식사 준비 모습(출처: k.sina.com.cn)

원시종교 색채를 지닌 만주족의 음식 풍습 중 하나는 제사상에 올린 고기를 먹는 것이다. 민간에서는 새해 신맞이 행사에서 선지순대를 만들어 먹는다. 밤에 지내는 칠성제에 양고기를 놓기도 한다. 만주족의 제사상에는 돼지고기가 주로 오르는데, '복(福)고기', '신(神)고기'로 부르며 제사가 끝나면 함께 나누어 먹는다.

만주족은 찰진 음식과 꿀을 좋아하고, 호미차를 즐겨 마신다. 이들은 장기간의 수렵, 채집, 사육, 농사, 양봉 등 경제생활을 해왔기에 이러한 식습관을 유지하고 종교적인 색채가 들어 있는 제사활동으로 인해 그러한 것도 음식문화에 녹아 있다.

만한전석(滿漢全席)은 중국에서 가장 유명하고, 규모가 제일 큰 연회석이다. 다른 이름으로 '만한연즈 바비큐석'이라고도 불린다. 이는 만주족과 한족의 음식이 어우러져 만들어진 음식명이다. 또한, 중국 음식의 또 하나의 새로운 경지이기도 하다. 청나라가 세워진 후 국가가 강성해짐에 따라 만주족의 통치자들은 음식문화에 많은 관심을 갖기 시작한다. 청나라 중

[그림 2-13] 만주족 왕궁의 식탁(출처: baike.sogou.com)

기, 만주족과 한족 관원들이 함께 모여 연회를 여는 자리가 많아지면서 강희 · 융정 · 건륭 황제 때는 '만석'과 '한석'의 구분이 있었다. 음식상에는 곰 발바닥, 비룡조, 원숭이 뇌, 지렁이, 인삼, 사슴 꼬리, 낙타 봉 등의 식재료를 사용한 유명한 요리들이 올라왔고, 돼지고기 요리가 가장 많았다. 조리 방식으로는 굽고, 삶고, 찌고, 데치는 등 다양한 방식을 사용했고, 샤브샤브, 뚝배기 요리들이 특색 있게 부각된다.

이 밖에도 후식으로 신선한 과일, 꿀에 절인 과일들이 있었다. 주식은 '버버'로 불리는 빵이 있었다. 버버는 만주어 명칭으로 콩, 스예, 찹쌀을 주 재료로 만든다. 계절에 따라 다양한 재료를 사용하는데 봄에는 콩으로 만들고, 여름에는 스예로 만들며, 가을이나 겨울에는 찹쌀버버를 만든다. 콩으로 만드는 버버는 노란색 쌀가루와 콩가루를 섞어 반죽하여 만든다. 이렇게 만든 버버는 노란 빛깔을 띠고 찰지며 맛있다. 스예버버는 찰수수가루와 콩가루로 만들며, 스예로 감싸서 찐다. 스예버버는 스예의 향과 맛을

[그림 2-14] 만한전석(출처: baike.sogou.com)

내고 있어서 독특하다. 찹쌀버버는 노란 쌀을 불린 다음 가루를 내어 반죽하여 만든다. 노란 쌀 반죽에 콩가루를 넣어서 찌면 찹쌀버버가 된다. 이 버버는 기름을 칠하여 구워서 먹거나 설탕에 찍어서 먹기도 한다.

쏸탕즈는 만주족이 평소에 많이 먹는 음식이다. 옥수수가루를 발효시켜 만드는데, 물을 끓인 다음 반죽을 손에 움켜쥐고 손가락 사이로 밀어서

[그림 2-15] 버버와 버버 소(출처: www.wenming.cn)

[그림 2-16] 쏸탕즈 요리(출처: www.baidujpw.cn)

끓는 물에 데쳐낸다. 젓가락 굵기의 짧은 국수 모양을 띠는데, 여기에 여러 가지 조미료와 배추 등 채소를 넣어서 함께 먹는다.

싸치마

싸치마는 만주족의 전통 간식이다. 싸치마는 만주어이며, 중국어로는 '감사고', '단조고'로 불린다. 밀가루, 달걀, 설탕, 깨, 해바라기 씨 등으로 만든다. 조리법은 먼저 달걀을 깨서 물과 섞어 잘 휘저은 다음 밀가루와 함께 반죽하여 밀대로 밀어서 넓게 편다. 그런 다음 얇게 썰어서 기름에 튀긴다. 튀긴 밀가루 반죽을 설탕과 물을 넣어 조린 시럽에 넣고 다시 반죽을 만든다. 참깨, 해바라기 씨 등 견과류를 넣고 판에 담아내어 눌러서 모양을 만든 다음 일정한 크기로 잘라서 먹는다.

샤브샤브 요리

만주족은 샤브샤브를 즐겨 먹는다. 샤브샤브의 유래는 수천 년 전으로 거슬러 올라간다. 고대 여진족은 수렵을 나가면 모닥불을 피우고 그릇에 음식을 담아 조리해 먹었다. 동북지역은 추운 지역이기에 끓이면서 먹는 것이 샤브샤브 요리의 초기 형태였다. 금속기구들이 발달하면서 샤브샤브 음식은 더 발전하여 넣는 재료도 풍부해지고 방법도 다양해진다. 만주족이 즐겨 먹던 샤브샤브는 새고기 샤브샤브, 짐승고기 샤브샤브, 물고기 샤브샤브, 채소 샤브샤브 등 종류가 다양하다. 샤브샤브가 전국적으로 유행하면서 각 지역 주민들도 샤브샤브 방식의 조리법을 도입하여 지역 특색을 지닌 다양한 샤브샤브 음식들을 탄생시켰다.

만주족은 하루에 세 끼를 먹는데, 아침, 저녁으로는 밥 또는 죽을 먹으며, 점심은 노란 쌀 또는 수수로 빚은 빵, 버버 등을 먹는다. 밥을 지을 때도 좁쌀, 수수, 옥수수를 넣는다. 만주족은 돼지를 많이 사육하며 구정이 되면 돼지를 잡는다. 잡은 돼지고기의 일부를 항아리에 절여 1년 내내 먹을 양식으로 비축해둔다. 나머지는 손님을 접대하고 명절 제사를 지내고 가족 친지들이 모여서 잔치를 베풀어 먹는다. 즐겨 먹는 돼지요리는 선지순대, 돼지고기·배추·당면 볶음요리다. 명절이면 만두를 빚고, 그믐날에는 서우좌양러우(手抓羊肉)를 먹는다.

만주족의 주식은 돼지고기이며 요리로는 선지순대, 절인 배추 요리, 샤브샤브가 있다. 만주족은 돼지를 잡으면 선지순대 요리를 즐겨 해 먹는다. 따라서 그들은 돼지를 잡는 날이면 손님을 초대해 선지순대 먹으러 가자고 청한다. 돼지고기 요리법은 우리나라의 보쌈과 비슷하다. 이를 '바이펜러우'라고 부른다. 바이펜러우는 돼지고기를 푹 삶아서 뜨거울 때 얇게 썬다. 조리 시 아무런 조미료나 간을 하지 않는 것이 특징이다. 바이펜러우에서 오겹살이 가장 맛있고, 상품으로 취급받는다. 족발 조리법도 마찬가지다. 만주족은 돼지고기를 즐겨 먹지만 소고기, 양고기, 야생 닭, 사슴고기, 물고기, 개구리 요리도 많이 먹는다. 야채는 가정에서 재배하는 배추, 고추, 파, 마늘, 감자를 많이 먹는 편이다. 그 밖에도 산에서 채집할 수 있는 다양한 나물과 버섯도 즐겨 먹는다. 조리법은 데치거나 삶아서 먹는다.

만주족은 술을 즐긴다. 『대금국지(大金國志)』「여진전(女眞傳)」에 따르면 "여진족은 천하의 친구들과 술을 마시며 음식 자리가 파할 때까지 즐긴다"라는 기록이 있다. 만주족이 즐겨 마시는 술은 소주와 황주 두 종류가 있다. 황주란 노란 쌀로 죽을 만들어 겨울철에 발효시켜 제조하는데, 가정에서 직접 빚어서 먹는다. 이 술은 지금의 과일주의 원형이기도 하다. 가을이 되어 과일이 무르익으면 집집마다 과일주를 만들어 먹기도 한다. 포도주, 키위주, 호손주 등이 유명하다.

청나라 말기 항간에서는 만주족의 음식문화에 대해 "남북 큰 마루에 넓은 상을 펼쳐놓자. 노란 쌀로 밥을 짓고, 기름으로 국을 만들자. 족발을 얇게 썰어서 올리고, 접시는 4개, 선지순대를 먼저 먹어야 한다"라고 묘사했고 "찹쌀 빵에 좁쌀죽, 쏸차이, 당면, 돼지고기. 평소에는 두부와 밑반찬, 수유(酥油: 소, 양의 젖을 국자로 저으며 부글부글 끓여 냉각한 후 응고된 지방으로 만든 기름)요리를 먹자"라는 노래도 있다.

만주족의 음식에는 금기가 있는데 개와 까마귀 고기를 먹지 않는다. 만주족은 오랜 수렵민족으로 개는 인간의 경제생활에 도움을 주는 동물이기에 개고기는 먹지 않았고, 이는 점차 민족의 금기로 발전하는 풍습을 만들어냈다. 개와 까마귀 고기를 먹지 않는 풍습은 만주족의 종교적 영향도 있다. 민간에 전해 내려오는 한왕의 전설에서 누렁이 개가 주인을 구하는 신화와도 관련이 깊다. 이러한 금기는 동북 만주족 사이에서 지금도 전해져 내려오고 있다.

3) 주거

만주족은 추운 동북지역에 살고 있고, 독특한 지리적 기후 조건으로 민족적 특색이 짙은 종교적 신념, 생산·경제·생활문화를 형성하고 있다. 만주족은 다른 민족들과 교류가 빈번하지만 자신들만의 전통을 잘 간직하고 주거형태에서도 그들만의 특징이 있다. 만주족 사냥꾼들은 사냥을 할 때 여름에는 춰뤄즈(撮羅子)에 사는데, 중국어로는 '마가자' 또는 '움막'이라고 부른다. 겨울에는 반혈식(半穴式) 땅굴 집에서 지낸다. 정착 후 주택의 조건이 끊임없이 개선되었다. 다가구 주택은 삼합원(三合院)이며, 안채와 동서 사랑방으로 구성되어 있고, 큰 집은 방이 5개이며 작은 집은 방이 3개다. 방이 3개인 집은 가운데 방이 안채 겸 부엌 아궁이이고, 좌우 두 방은 침실이다. 전통가옥은 동쪽 방보다 서쪽 방이 더 큰 편이다. 서쪽 방에는 집안 어르신들이 지내거나 조상을 모신다. 동서쪽 방에는 모두 바닥에 삼면을 둘러 온돌마루를 깔고, 남쪽과 북쪽 온돌을 제외하고는 북쪽 산 방향에 '완자갱(腕子炕)' 온돌마루를 마련한다. 서쪽 방 완자갱 벽 쪽으로 조상을 기리는 제단을 놓는다. 방마다 창문이 하나씩 있고, 남쪽으로 창문 2개가 있다. 창문틀은 나무로 만들고, 다양한 꽃 문양으로 장식하며, 위아래로 여닫을 수 있다. 창문에는 창호지를 발라 거기에 기름을 칠해 빛이 들어오게 하고 방수도 된다.

방이 3개인 집 중에서는 한쪽으로만 문을 만든 집이 있다. 문은 동향이고 동쪽 방은 주방 겸 안방이 된다. 서쪽 방 2개는 거실로 사용한다. 남북 쪽으로 온돌이 통해 있어 '연이갱(連二炕)'이라고 부른다. 2개 방의 온

[그림 2-17] 집안 내부 전경(출처: 중국동북민족민속박물관, 김영순)

돌 사이에는 문을 달고, 남북 온돌 바닥에는 병풍을 두른다. 만주족은 민족 관습상 서쪽 방은 크게, 남쪽 방은 길게 짓는다. 어르신은 서쪽 방의 남쪽 온돌에 모신다. 정방의 서쪽 '완자갱'에는 사람이 살지 않고, 사람이 앉아서도 안 되는데, 서쪽 마루는 조상을 모시는 곳이기 때문이다.

"주머니 집, 완자갱, 굴뚝이 땅 위에 솟아 있다"라는 표현은 만주족 거주지의 특징을 잘 설명해준다. '주머니 집'은 '두실(斗室)'로도 불린다. 모양이 호주머니 형태를 하고 있다. 보통 3칸 또는 5칸으로 짓는다. 남향이고, 지붕은 풀로 덮으며, 흙담장이다. 문은 동쪽으로 만들거나 중간에 내기도 하며, '대면옥(對面屋)'이라고 부른다.

문을 들어서면 보이는 방이 화방인데, '외방'으로도 불린다. 서쪽 또는 동서 양쪽은 안채로 안방처럼 사용된다. 거실은 남·북·서 3면에 온돌을 두르는데, 이는 만주족 거실의 특징이다. 온돌은 '전권갱(轉圈炕)', '괴자갱(拐子炕)', '만자갱(蔓字炕)'이라고도 부른다. 만주어로는 '토와(土瓦)'라고

[그림 2-18] 전통가옥(출처: 중국동북민족민속박물관, 김영순)

부른다. 보통 남쪽과 북쪽에 온돌을 놓고, 동쪽은 주방의 부뚜막과 연결되었다. 서쪽 온돌은 좁고 밑으로 연기 통로가 있다.

만주족의 관습에서 서쪽 온돌은 신성한 '와살고(窩撒庫)'로 제단을 놓는다. 그 때문에 이곳에는 잡다한 물건들을 두면 안 되고, 귀한 손님이라도 서쪽 온돌마루에 앉아서는 안 된다. 남쪽 온돌은 따뜻한 곳으로 남향이다. 이곳에는 집안 어르신이 살고, 젊은이들은 북쪽 온돌에 산다. 온돌마루는 만주족의 난방시설로 북쪽의 추운 지방에서 널리 사용되고 있다.

만주족의 창문은 위아래 2개로 나누어져 있다. 고려 종이를 창문에 붙이는데, 소금물과 수유를 섞어 풀을 쑨 다음 종이에 바른다. 이렇게 창문에 붙이면 비바람에도 끄떡없다. 창호지를 밖에 바르는 것은 동북지역의 세 가지 기이한 풍경 중 하나다.

만주어로 굴뚝을 '후란(呼蘭)'이라고 부르는데, 방에 있고 지붕보다 한참 높다. 굴뚝은 온돌마루와 이어져 있으며 나무 또는 흙, 벽돌로 만든다. 만주족의 방문은 2겹으로 되어 있는데, 안쪽은 2개의 미닫이문으로 이루

[그림 2-19] 신간(출처: 중국동북민족민속박물관, 김영순)

어져 있고 나무 열쇠가 있다. 바깥쪽은 단선화격문으로 밖에는 종이를 덧바른다.

만주족은 4대나 3대가 함께 사는 것을 큰 복이라 생각했다. 그 때문에 많은 세대가 한 집에 기거하는 것을 자랑으로 생각했다. 식구가 많아지면 정방 옆에 동서 방을 짓고, 남향 그리고 중간에 문을 둔다. 이러한 건축은 중국 현대 사합원(四合院) 형태다. 특징으로는 마당 문 쪽으로 작은 담장을 쌓는데, 이를 '영벽(影壁)'이라고 한다.

영벽 뒤에는 8척 높이로 밥그릇 두께 정도의 장대 '신간(神桿)'을 세운다. 장대 꼭대기에는 납 또는 나무로 만든 두자(斗子)를 단다. 마당의 남쪽에는 축사가 있다. 정방 가운데 땅에는 채소를 심고 주변에 나무를 심거나 화단을 만든다. 마당을 둘러 4면에 담을 쌓는데, 큰 집은 벽돌로 쌓고 작은 집들은 나무로 울타리를 두른다. 이렇게 집들이 이어지면서 마을과 도시를 이룬다.

집의 굴뚝은 동·서향 벽 밖에 둔다. 굴뚝은 집과 60cm 정도 거리를 두고 있고, 청기와 또는 흙으로 쌓는다. 원형도 있고, 네모난 모양도 있다. 만주족은 부지런하고 정결한 민족이어서 마당을 깨끗이 청소하고, 물건들도 잘 정리해두며, 장작더미도 정리하여 반듯하게 쌓아둔다.

3 명절과 일상의례

1) 명절

만주족의 대표적인 명절은 춘절, 원소절, 이월이, 단오절, 중추절 등이 있다. 명절 기간에는 진주구(珍珠球), 조마(調馬), 조낙타(調駱駝) 그리고 얼음지치기 등 전통 놀이를 한다.

반금절(頒金節)

반금절은 만주족의 전통 명절이다. 1635년 음력 10월 13일, 황태제는 어명을 내려 민족명을 '여진'에서 '만주'로 개명했다. 이는 새로운 민족 공동체의 탄생을 의미한다. 1989년 단둥시 제1회 '만주족문화학술포럼'에서 매년 12월 3일을 반금절로 정하고 경축하기로 했다. 전국 각 지역 만주족은 음력 10월 13일 민족명의 탄생을 기념하여 축제를 연다. 하지만 이 날짜에 대한 명절명이 각기 다른데, 일부 지역에서는 '명명일'이라고 하고 일부는 '탄생일' 또는 '기념일'이라고 부르기도 한다.

상원절(上元節)

정월 대보름날로 '원소절(元宵節)'이라고도 부른다. 한족과 마찬가지로 만주족도 정월 대보름날 채등을 걸고 원소를 먹는 풍습이 있다.

주백병(走百病)

주백병은 정월 12일 만주족 부녀자들의 명절이다. 이날은 밤이 되면 부녀자들이 삼삼오오 모여서 모래도 밟고 얼음도 굴리면서 놀이를 한다.

첨창절(添倉節)

매년 정월 25일 만주족이 사는 시골에서는 집집마다 찰수수밥을 지어서 창고에 둔다. 볏짚으로 작은 말을 만들어서 밥그릇에 꽂아둔다. 이는 말이 집으로 양식을 운반한다는 상징으로 풍년을 기원하는 의식이다. 다음날 새 밥을 더 얹어두고 세 번 정도 더 올린다. 일부 가정에서는 수수깡으로 삽 모양을 만들어서 밥에 꽂아두기도 한다. 이 풍습은 동북 농촌지역에서 지금도 전해 내려오고 있다.

이월이(二月二)

민간에서는 '용대두일(龍擡頭日)'이라고 한다. 이날 만주족은 아침 일찍 아궁이에서 재를 꺼내 마당에 뿌리는데, 구불구불 용 모습과 흡사하게 뿌린다. 이를 '인룡'이라고 부른다. 그리고 마당에서 의식을 거행하는데, 한 해 동안 좋은 날씨를 기원한다. 의식을 마치고 가족이 함께 룽쉬몐(龍须面)과 룽린빙(龍鳞餅)을 먹는다. 부녀자들은 이날만은 바느질을 하지 않는다.

충왕절(蟲王節)

6월은 해충으로 인한 피해가 많은 달이다. 랴오닝성 슈옌(岫岩), 펑청(凤城) 일대에 거주하는 만주족은 6월 6일이면 가정마다 한 사람씩 충왕묘에 가서 제를 지낸다. 돼지를 잡고 해충왕에게 해를 입지 않게 해달라고 빌며 풍년을 기원한다. 충왕절 행사에 가지 않더라도 이날은 집집마다 청소를 하고 옷이나 물건을 밖에 내다 말려서 좀벌레를 막고 벌레를 퇴치한다.

중원절(中元節)

만주족은 7월 15일을 중원절로 정했는데, 망령을 기리는 '귀신절'이다. 이날이면 사원마다 도장을 세우고, 불을 밝히고, 경을 읽으며 여러 가지 의식을 거행한다. 마당 서쪽에서 동쪽으로 나무 병풍을 치고 병풍에 맨드라미 꽃, 콩 줄기, 연근을 달아놓고 달 토끼에게 바친다. 병풍 앞에는 팔선탁(八仙桌)을 두고 탁자 위에는 큰 월병을 둔다. 제를 지낼 때는 향을 피우고 절을 하는데 여자가 먼저 절하고, 남자가 나중에 절한다.

개산절(開山節)

만주족은 겨울 추석이 지난 후 또는 음력 9월 중순이 되면 약초 채집을 위한 산제를 거행한다. 동북지역 만주족 마을들에서는 매년 개산절에 백두산을 향해 절하고 기도하며 산신에게 좋은 약재를 보내달라고 비는 행사를 한다. 이 시기에 인삼을 캐게 되면 신이 내린 것이라 여겨 신을 모셔두는 감실에 보관한다.

납팔절(臘八節)

만주족은 음력 12월 8일이면 납팔절을 지내고 납팔육을 끓인다. 가족이 모여 함께 먹고 친지들에게 나누어주기도 한다.

소년(小年)

음력 12월 23일을 '소년'으로 정하고 집집마다 부엌신에게 제사를 지내는데, '송조왕야(送灶王爺)'라고 부른다. 만주족이 소년을 지내는 풍습은 한족과 비슷하다.

2) 일상의례

(1) 혼례

향붕(響棚)

만주족은 결혼식을 할 때 신부 측에서 길일을 택한다. 길일을 택하면 신랑 측에서 신부 집으로 술 한 항아리와 살찐 돼지 한 마리를 보내준다. 신부 측에서는 이 술과 돼지로 친지들을 대접한다.

첫날 신부를 맞이하는 무리는 홀수 인원만 동행한다. 신랑, 중매인, 신부 맞이 어멈 둘, 그리고 가마 길안내 남자아이 한 명이 간다. 신랑은 신부 집에 도착하면 문을 열고 들어가 먼저 상방으로 가서 서쪽을 향하여 조상에게 절한다. 그런 다음 준비된 방에서 잠을 잔다. 이날 신랑과 신부는 만나지 않는다.

양교(亮轎)

신부는 다음날 시간에 맞춰 가마에 오른다. 신부는 요란한 북소리가 울리는 가운데 눈물을 흘리며 가족과 작별한다. 신부의 어머니는 딸의 세숫물을 가마가 있던 곳에 뿌린다. 만주족은 신부를 맞이할 때 가마에 태우는데, 꽃가마는 사람이 드는 것이 아니라 마차에 실어 말이 끈다. 꽃가마를 마차에 단단히 고정시키고 붉은색 천으로 두른다. 붉은 천을 가마 머리에 날개 모양으로 장식하고 가마 앞에도 붉은색 천을 드리운다. 가마 꼭대기에는 나무로 만든 기린송자(麒麟送子)가 있다. 어떤 가마는 양측에 투명 거울을 달기도 한다. 신부를 맞이할 때 어린아이와 들러리 할머니들이 인도한다. 어린 남자아이는 8~9세 정도이고, 들러리 할머니들은 부부가 다 살아있어야 하며 자녀들이 건강한 가족이어야 한다.

영친(迎親)

신랑은 말을 타고 꽃가마를 이끌고 신부를 데리러 신부 집으로 간다. 신부가 가마에 타면 신랑은 말을 타고 마당을 한 바퀴 돌고, 신부를 태운 가마는 천천히 따라서 돈다. 이는 '인교'라고 하는 의식인데, 신랑은 한 바퀴 돈 다음 말에서 내려 방에 들어가 엎드려 절한다. 그런 다음 말을 타고 가마를 이끌고 집으로 돌아가는데, 신부는 붉은색 옷을 입고 붉은 천으로 얼굴을 가린다. 품에는 붉은색 천으로 만든 마길간(麻秸杆)을 안고 있다.

말 앞에는 깃발과 등롱을 들고 북을 치는 사람들이 걸어가고, 뒤에는 대자말 12필이 따라간다. 말에는 신랑 측의 젊은 들러리가 타고 있다. 들러리 뒤에는 붉은 꽃을 달고 붉은 비단을 몸에 두른 신랑이 따라간다. 신랑 뒤에는 신부의 꽃가마가 있다. 신부를 맞이하는 행렬은 돌아가는 길에 친구들 집에 들르는데, 친구들은 이때 모두 신랑에게 선물을 하고 붉은 천을 둘러준다.

전사신낭(箭射新娘)

만주족의 독특한 혼례의식 중 하나는 결혼식 날 신랑이 신부의 가마를 향해 활을 쏘는 것이다. 신부의 가마가 신방 가까이 오면 신랑은 신부가 가마에서 내리기 전에 신부의 가마를 향해 3발의 화살을 날린다. 이는 신부의 붉은 기운을 제거하기 위한 의식으로 가마 앞에까지 화살을 쏜다. 그런 다음 신랑은 신방이 있는 곳을 향해 화살 4발을 또 쏜다.

활쏘기를 마치면 신부가 가마에서 내린다. 그러면 신랑은 하늘을 향해 예를 행하고 쏘았던 화살로 신부의 머리 수건을 걷어야 한다. 활쏘기 의식은 여진족의 구습인 약탈혼에서 유래했다. 네이멍구 량청현 조전만주족향 그리고 가라친기 10가 만주족향들이 이 전통을 가장 잘 간직하고 있다. 이 관습은 1960년대까지 이어져 왔다.

이랑육(離娘肉)

신랑은 본가에 도착하면 바로 말에서 내리지 않는다. 신랑의 외삼촌이 말을 끌고, 장인어른이 신랑에게 돈을 건넨 다음 말에서 내린다. 신부는 가마를 탈 때 걸어가서 타지 않고 오빠가 안아서 가마에 태운다. 오빠가 없으면 삼촌이 대신한다. 신부는 집을 떠날 때 신랑이 장인장모에게 '이랑육'을 드려야 출발할 수 있다. 신부를 맞이하는 행렬이 돌아오면 신부는 얼굴을 천으로 덮어 쓴 채 들러리 두 명의 부축을 받아 가마에서 내린다. 신부는 흙을 밟아서는 안 되기에 바닥에 붉은 주단을 깔아둔다. 하늘과 땅에 예를 올린 다음 신방으로 들어가는데, 신방 입구에는 말안장을 놓고 안장에는 두 줄의 동전을 둔다. 신랑이 먼저 안장을 넘어서 들어가고, 다음은 신부가 넘는다. 신부가 안장을 넘으면 들러리는 두 줄의 동전을 들고 신부의 어깨에 달아준다. 문을 들어서면 어린 여자아이가 보병호(寶瓶壺)를 가져다준다. 병에는 양식이 들어 있으며, 병 입구는 붉은색 천으로 감는다. 신부 측 들러리가 보병호를 받아서 신부 겨드랑이에 각각 끼워주는데, 이때 오곡을 뿌린다.

배당(拜堂)

신부가 집으로 오면 신랑과 신부는 서로 예를 올린다. 신부는 머리 수건을 걷고 머리 모양을 다시 가다듬은 다음 조상과 신간, 신후에게 절한다. 그러고 나서 시어른들께 인사를 드리고 친지들을 접대한다. 신부의 머리 두건은 신랑이 청간을 이용하여 걷어야 하며, 그것을 마당에 있는 천막 꼭대기에 걸어둔다. 신랑은 머리를 덮은 두건을 내린 후 손으로 신부의 머리를 어루만진다. 청간으로 머리 두건을 걷는 것은 신부가 마음에 든다는 것을 상징하고, 머리를 만지는 것은 검은 머리가 백발이 되도록 백년해로를 기약하겠다는 손짓이다.

만두 먹기

신랑과 신부는 결혼식 날 여러 가지 의식을 치른 다음 물만두를 먹는다. 물만두는 신부 집에서 준비하는데, 혼수와 함께 신부 측 들러리가 신랑의 집으로 가져온다. 이때 빚은 물만두는 평소에 먹는 것보다 작고 만두소는 돼지고기, 파, 생강기름 등으로 만든다. 만두피는 정제된 밀가루를 반죽하여 반달 모양으로 빚는다. 결혼 축하연이 끝나 친구들이 모두 돌아가면 가족 파티를 여는데, 신부는 마루 밑에서 밥을 푸고 요리를 올려 가족을 대접한다.

첫날밤

신부는 사람들이 부축하여 방으로 들어간 남쪽 온돌에서 하루 종일 앉아 있어야 한다. 이를 '좌복(坐福)'이라고 하는데, 이때 바닥으로 내려오면 안 된다. 밤이 되면 들러리와 친구들이 신부를 신방으로 들여보낸다. 신방에서는 온돌에 활 3자루를 꽂고 장명등을 밝힌다. 지역에 따라서는 신랑이 신부의 허락을 받아야 신방에 들어갈 수 있는 곳도 있다. 신혼부부가 신방에서 불을 끌 때는 입으로 불어서 끄지 않으며 부채로 부쳐서 촛불을 끈다.

(2) 장례

만주족의 장례문화는 매장, 화장을 중심으로 진행된다. 매장과 화장의 역사는 매우 길다. 만주족은 정주하기 전에는 화장을 많이 했는데, 이는 늘 이동해야 했으므로 화장문화가 형성했다. 그 밖에도 팔기전사들 중 청나라 초기 전사자들이 많았고 그 많은 시체를 고향에 보내기 어려워 화장하는 수밖에 없었다. 이후 관동으로 입주하여 정주생활을 하게 되면서 장례문화가 화장에서 매장으로 바뀐다.

장례의식을 살펴보면, 사람이 죽으면 수의를 입힌다. 수의는 장포와 마고자 한 겹으로 입힌다. 그런 다음 관을 7일 정도 방에 둔다. 관은 나무로 만드는데, 머리는 서쪽에 두고 발은 동쪽에 둔다. 제사용 깃발을 마당의 장대에 걸어놓는데, 석 자 정도의 붉은 천으로 만들고 검은 술을 드리운다.

정령(停靈)

일반 가정에서는 집안의 어르신이 돌아가시면 온돌 위에 나무 세 토막을 둔다. 이를 '정시배자(停屍排子)'라고 부르는데, 죽은 사람을 그 위에 두고 머리는 서쪽으로 발은 동쪽을 향하게 누인다. 죽은 사람의 입에 동전을 넣는데, 이를 '함렴(含殮)'이라고 한다. 정령은 사흘간 진행한다. 첫째 날에는 일가친척, 친구들에게 상을 알린다. 당일 밤 망자의 가족은 잠을 자지 않고 시신을 지킨다. 죽은 사람의 머리 앞에 기름등을 밝히고 면화 솜으로 긴 심지를 만든다. 심지의 절반은 기름 그릇에 넣고 절반은 밖에 드리운다. 기름등을 밤새도록 밝히는데, 이를 '조시등(照屍燈)'이라고 한다. 사람이 죽으면 방에 하루 동안 두었다가 다음날 입관하여 제사의식을 지낸다. 시신은 문지방을 넘어서는 안 되고 창문을 통해 밖으로 나가는데, 문은 산 사람이 드나드는 곳이기에 시신이 나갈 수 없기 때문이다. 사흘째가 되면 출상한다.

제전(祭奠)

둘째 날 점심부터 제사의식을 진행하는데, 친지들과 친구들이 찾아오며 장자와 돈을 건넨다. 장자는 흰 천으로 덮고 천 위에는 흰 종이로 고인의 명복을 비는 구절을 적어서 올린다. 상주는 장자를 영구에 걸어두어 모든 사람이 볼 수 있게 한다. 관 옆에는 의식을 주관하는 사람이 서 있고, 자녀와 가족은 관 양쪽에서 엎드려 절한다. 조문을 하러 온 친구들은 관 앞에 서고, 장례사가 죽은 사람의 이름을 부르면서 문상객을 소개한다. 또 옆에서 큰소리로 세 번 읍하고 절하라고 한다. 장례를 주관하는 사람이 일어나라는 말이 떨어지면 조문객은 예를 마치고 다음 사람이 계속해서 조문한다. 조문 순서는 연장자가 먼저 하고 아랫사람이 나중에 한다.

만주족은 가족이 사망하면 시신을 수렴한 다음 마당에 붉은색 깃발을 단다. 너비는 1척이고 길이는 1장 정도 되는 깃발인데, 마당 서쪽 2장 높이의 나무 장대에 매단다. 만주족은 이 깃발에 죽은 사람의 영혼이 깃들어 있다고 생각한다. 매일 아침 해가 뜨기 전에 깃발을 걸고, 해가 지면 깃발을 내려 관을 덮는다.

출빈(出殯)

출빈 시 맏아들이 영두기(靈頭幡)를 들고 영구 앞에서 걷는다. 영차 뒤에는 자녀들이 명정(銘旌)을 들고 따라간다. 명정은 가늘고 긴 천조각을 깃발처럼 긴 막대기에 매달아 만든다. 천조각의 테두리는 뾰족뾰족한 늑대 이빨 모양을 하고 있다. 깃발의 색은 죽은 사람이 어느 기에 속해 있는지에 따라 다르다.

만주족은 죽은 사람의 '앙방(殃榜)'을 쓰지 않는다. 이는 한족과 다른 점이기도 하다. 앙방은 흰 종이에 죽은 사람의 사망 일자, 생일, 사오일, 금기일 등을 적는 것인데, 친구들이 제때 기일에 참석하거나 피하라고 적는 글귀다.

상장 유형

만주족의 관은 한족과 다르다. 한족이 쓰는 관은 평평하지만, 만주족의 관은 세모 모양이다. 즉, 위가 뾰족하고 밑이 넓은 초가집 모습을 하고 있다. 만주족은 이를 '기재(旗材)' 또는 '만재(滿材)'라고 부른다.

관은 원색대로 하지 않고 홍토색을 칠한다. 양옆에 산수화 꽃무늬, 구름무늬를 그린 관은 '달자하포관재(韃子荷包棺材)'라고 부른다. 관 머리 쪽에 구름 문양과 학 문양이 있고 꽃들도 있으면 '화두관재(花頭鏰材)'라고 부른다. 관 머리 쪽에는 보통 '가학서거(駕鶴西去)'라는 글귀를 쓰고, 뒤쪽에는 연꽃을 그려 넣어 "연꽃을 밟고 서천으로 간다"라는 의미를 상징한다.

만주족은 장례 시 '소반(燒飯)'을 하는 관습이 있다. 요금 시기에 여진인은 제사 때 음식을 태우는 풍속이 있었다. 만주족이 이 관습을 이어받아 부잣집들은 생전에 부리던 개와 말도 함께 태운다. 누르하치 왕 시기에 이르러 음식과 물품을 아끼라는 국명이 있고 나서는 밥만 태우고 말이나 개는 함께 태우지 않았다. 그 대신 생전에 부리던 개와 말을 지전을 태우는 불더미 위를 뛰어넘게 함으로써 태우는 의식을 대체했다.

출상 이후 연회를 베풀어 장례식에 참석한 친지와 친구들을 대접한다. 이 밥은 '사령반(辭靈飯)'으로 죽은 사람의 영혼을 보내는 의미를 담고 있다. 사람이 죽은 지 7일이 지나면 가족과 자녀들은 밥과 과일을 무덤에 가지고 가서 태운다. 그 이후 '삼칠일', '오칠일', '칠칠일'이 되면 제사를 지낸다. 100일이 지나면 또 제전을 진행하는데, 이는 '소백일(燒百日)'이다. 제전을 마치면 가족과 자녀들은 무덤 앞에서 상복을 벗는다. 1년이 지나면 '소주년'이라고 해서 제사를 크게 지낸다. 그 이후에는 3년제를 크게 지낸다. 해마다 청명이면 가족과 자녀들은 무덤을 찾아 제사를 지낸다.

만주족의 제사는 신비롭고 장엄하다. 순서에서 내용까지 모두 절차가 있으며 전체 제사는 조상제, 신제, 신간제, 별제의 4개 부분으로 나뉜다. 제사 지내기 3일 전부터 마을사람들은 제사 준비에 분주하다. 마당 대문에는 곡초를 매달아 제사의 시작을 알린다. 이때부터 제사가 끝나는 날까지 개가죽 모자를 써서는 안 되고, 상복을 입거나 불결한 여성들이 들어오면 안 된다. 이때는 거지도 출입을 금한다.

이 밖에도 제사 음식을 준비하는데, 황미밥과 돼지 몇 마리를 잡아야 한다. 제삿날이 되면 주관하는 사람은 바깥 조상갑자를 집으로 모셔 와서 서쪽 온돌의 남쪽 제단에 올린다. 그런 다음 집안에서 모시던 조상갑자를 그 밑에 둔다.

제조(祭祖, 조상제)

조상제는 대낮에 올린다. 제사를 주관하는 사람은 제단과 조위대를 설치하고 조상을 소환한다. 그런 다음 제사용 흑돼지를 남쪽 온돌 밑에 둔다. 모든 준비가 끝나면 제사를 주관하는 사람이 제문을 낭송한다. 이때 제사에 참석한 모든 사람은 연장자부터 순서대로 무릎을 꿇는다. 제문 낭송이 끝나면 절하고 일어나며, 돼지를 제단 앞에 들고 와서 살생의식을 진행한다. 돼지는 죽인 다음 털을 깨끗이 밀고, 굽과 간은 제사상의 오른쪽에 올린다. 그러고 나서 돼지를 제단에 올리는데, 이때 머리는 문 밖을 향하고 발은 오른쪽을 향한다.

제신(祭神, 신제)

신제는 낮과 밤의 두 가지 제사 형식이 있다. 대낮에 올리는 제사는 조상제가 끝난 다음에 진행한다. 조상제 때 잡은 돼지를 12토막을 내어 내장과 함께 가마솥에 끓인다. 어떠한 조미료도 넣지 않으며 끓인 고기는 제사상에 올리기 전에는 아무도 먹어서는 안 된다. 제사상이 차려지면 제사를 주관하는 사람이 제문을 읽고 제사에 참가한 모든 사람은 또다시 나이순으로 무릎을 꿇는다. 제문 읽기가 끝나면 모두 고개 숙여 인사한다. 밤에 진행하는 신제도 순서가 있다. 먼저 조상갑자에서 순서대로 일곱 분의 조상을 꺼내 조상대에 둔다. 그런 다음 두 분을 다시 꺼내 조상갑자 뚜껑 위에 둔다. 모든 조상께 정한수 한 그릇, 황미 한 접시, 향대, 제대를 상 위에 두고 향을 피우고 흰 촛불을 켠다. 그런 다음 제사를 주관하는 사람이 방울을 흔들고 치마를 묶고 사람들을 지휘하여 북을 치면서 기도한다. 기도를 마치면 신위 앞에서 돼지를 잡아 제를 올린다. 제를 올린 다음 제사를 주관하는 사람은 배등제(背燈祭)를 진행한다. 이때는 출입문을 잠그어 사람들의 출입을 금한다.

제사장은 등을 불어 끈 다음 방울을 들고 허리 방울도 흔들면서 주문을 외운다. 제사를 마치면 다시 불을 켜고 절하고 조상의 신상을 조상갑자 속에 넣는다. 그러고 나서 그 갑은 서쪽 조종판(祖宗板)에 둔다. 이때 문과 창문을 열고 사람들의 출입을 허락한다. 제사상에 올린 고기는 사흘 후부터 가족들이 먹을 수 있으며 외부 사람에게는 주지 않는다.

제수(祭樹, 신나무제)

해가 뜰 때 제사나무 앞에 조상의 목상을 두고 동북쪽을 향하여 제를 지내는 의식이다. 먼저 깨끗한 종이를 나무에 달고, 제사용 돼지를 신나무 앞으로 끌어온다. 제사를 주관하는 사람은 돼지의 왼쪽에 무릎을 꿇고 앉고 다른 사람들은 그 뒤에 앉는다. 돼지를 잡기 전에 먼저 술이나 깨끗한 물을 돼지 귀에 붓는다. 돼지가 고통스러워 머리를 흔들면 사람들은 신이 왔다고 생각한다. 만약 돼지가 반응이 없으면 흉조라 생각한다.

돼지를 잡은 다음 7토막으로 나누어서 가마솥에 넣어 끓인다. 돼지 간, 하악골, 하수 등은 나무에 걸어둔다. 제사장은 고기를 바치고 머리를 조아린 다음 참석한 사람들과 나누어서 시식한다. 각 부위별 뼈는 신나무 앞에 두어야 한다.

제천(祭天, 하늘제)

만주족은 '솔론(索倫)장대제'라고 하는데, 조상제를 지내고 나서 다음날 거행한다. 솔론장대제 때 잡는 돼지는 상처가 없어야 하며 수컷 흑돼지여야 한다. 돼지는 잡기 전에 묶어서 솔론장대 앞에 두고 향을 피우고 기도를 올리고 나서 도축한다.

돼지 뼈는 함부로 버리지 않고 당일 밤 솔론장대 밑에 묻는다. 그리고 돼지 목뼈 하나를 솔론장대 위에 걸어둔다. 돼지 간, 내장, 방광 등은 솔론장대 위의 소쿠리(斗子)에 담아두어 까마귀나 까치가 와서 먹게 한다. 사흘 뒤 다 먹어서 없어지면 집안에 좋은 일이 생긴다고 여긴다.

제성(祭星, 별제)

별제는 달이 지면 시작된다. 별제는 매달 3일 또는 5일에 이틀간 진행된다. 달이 지면 상옥 북쪽 온돌에 상을 차리고 촛불을 밝힌다.

별제를 드리는 사람은 노란 장포를 입고, 피 담을 대야를 준비하여 칼을 들고 마당 서쪽 조상 제단에서 멀지 않은 곳에서 돼지를 잡는다. 이때 방의 불은 모두 끈다. 돼지를 잡은 다음 제사를 드리는 사람이 기침소리로 신호를 보내면 그제야 방마다 불을 켠다. 그리고 잡은 돼지는 방으로 들여와 털을 밀고 사지를 자른다. 그런 다음 다시 돼지를 원래 도축하던 곳으로 가져와서 별에게 제사를 드린다. 이때 역시 방의 불은 모두 끈다.

제사가 끝나면 돼지를 주방으로 가져오는데, 역시 불을 켜지 않는다. 불이 꺼져 있어야 신과 인간의 거리가 좁혀지며 하늘을 향해 마음의 기도를 드릴 수 있다고 여긴다. 또한, 신령들이 제사를 지내는 사람의 경건한 마음을 헤아릴 수 있다고 한다.

3장

몽골족 이야기

1 기원 및 성립과정

몽골족(蒙古族, 몽골어: ᠮᠣᠩᠭᠣᠯ ᠦᠨᠳᠦᠰᠦᠲᠡᠨ, 키릴문자: Монгол үндэстэн)은 주로 동아시아 지역에 분포해 있는 전통 유목민족으로 현 몽골공화국의 주체가 되는 민족인 동시에 중국의 소수민족 중 하나다. 러시아 등 유라시아 국가에도 분포되어 있으며 어원커족(鄂溫克族)과 토족(土族)을 몽골족의 한 갈래로 보는 경우도 있다. 몽골족은 고대 망건하[望建河, 현 아르군강(額爾古納河)] 동쪽 연안에서 기원했으며 13세기 초 칭기즈칸이 몽골의 여러 민족을 통일한 후 점차 하나의 새로운 민족공동체로 융합되었다. 몽골족은 초원에서 목축을 하며 살아가는데, 일정한 장소 없이 물과 목초가 있는 곳을 찾아 유목하는 생활을 한다. 이러한 생활방식은 현재 거의 사라졌지만, 여전히 몽골족 하면 떠오르는 상징적인 생활상이다.

[그림 3-1] 몽골족 모습(출처: http://www.minzu56.net/)

'몽골(蒙古)'이라는 명칭의 뜻에는 여러 가지 설이 있는데, 『몽골비사(蒙古秘史)』에는 몽골이 '망활륵(忙豁勒)'으로 표기되어 있다. 몽골의 학자 수리바달라하(Suribadalaha)는 "'몽(蒙)'은 산이나 강의 명칭으로 이러한 산이나 강 근처에 사는 사람들을 '몽'씨족이라고 불렀으며, '고륵[高勒/古勒, 활륵(豁勒)]'은 강 혹은 핵심이라는 뜻이다"라고 했다. 도활제보(道闊梯步)는 "몽골, 즉 망활륵은 '장수하는' 혹은 '영원한 부족'이라는 뜻을 가지고 있다"라고 했다. 라시드 알 딘(Rashid al-Din)과 도손(A. C. M. D'ohsson)은 "'몽골(蒙古)'이 처음에는 '맹골(蒙古)'로 표기되었으며, 유약하고 순박하다는 뜻이었다"라고 했다. 헨리 호워스(Henry Hoyle Howorth)는 언어학적 관점에서 '몽골'이 '용감하다', '두려움이 없다', '강하고 용맹스럽다'라는 뜻을 가지고 있다고 했다. 샤오쉰쩡(邵循正)은 "'몽골'의 원래 뜻은 12~13세기에 이미 잊혀 현재는 찾을 수 없다"라고 주장했다. 이러한 주장 역시 일리가 있다.

몽골족의 명칭에 관해서는 예부터 수많은 서적에 여러 음사식(音寫式) 표기가 등장했으며, 중국 역사학자 한루린(韓儒林)은 30여 개의 몽골 명칭을 다섯 가지로 분류하여 설명하기도 했다. 몽골족의 기원은 중국 학술계가 오랫동안 주목해온 문제로 여러 가지 학설이 있는데 주로 흉노족 후예설, 돌궐족 후예설, 토번족(吐蕃族) 후예설, 동호선비족(東胡鮮卑族) 후예설 등이 있다.

1) 종족 기원신화

옛적에 지고하신 하늘로부터 내려진 명으로 태어난 푸른 늑대가 있었다. 그 아내는 순백색의 암사슴이었다.[1] 그들은 오논강의 수원지인 부르한산 아래에서 정을 통해 아들 하나를 낳는데, 이가 바로 전설 속 몽골족의 시조다. 사실 몽골족의 역사는 중국 당나라 때로 거슬러 올라가는데 당시 후룬호(呼倫湖)와 어얼구나강(額爾古納河, 아르군강) 동남부에 몽올 실위(室韋), 즉 최초의 몽골부족이 있었다. 이후 몽골부족은 점차 서쪽으로 이동하여 삼림을 벗어나 초원으로 들어가게 되었으며, 정통 유목민족이 되었다.

『사기(史記)』의 기록에 따르면 초기의 몽골부족은 날고사, 걸안의 2개 씨족을 포함했다. 이후 돌궐부족에게 패해 남자 둘과 여자 둘만 살아남아 어얼구네곤(額爾古涅昆: 어얼구나강 강변의 산봉우리) 일대에서 살아가게 된다. 8세기에는 계속되는 인구 증가로 인해 다른 곳으로 이주하게 되는데, 이때 이미 70개의 부족으로 나누어졌으며 이를 합쳐 '질열열근몽고(迭列列斤蒙古)'라고 한다. 『몽골비사』와 『구당서(舊唐書)』에 따르면 하늘의 명을 받든 푸른 늑대 '버르테 치노'와 하얀 암사슴 '코아이 마랄'이 호수(후룬호)를 건너 오논강 수원지와 부르한산 앞에서 바타치칸을 낳는데, 그가 바로 칭기즈칸의 시조다.

실제 몽골족의 원류에 대해 근·현대 많은 학자들이 동호(東胡)를 주장해왔다. 동호족은 각기 다른 방언과 이름을 가지고 있는 여러 부락으로 이루어진 부락연맹체다. 『사기』에 "(동호족은) 흉노 동쪽에 있으니 이 때문에 동호라 했다"라는 기록이 있다. 기원전 5세기부터 3세기까지 동호의 각 부락은 씨족사회의 발전단계여서 "(그 풍속은) 물과 풀을 따라 옮겨 다녀 일정한 거처가 없는(『사기』)" 생활을 했다. '몽골(蒙古)'이라는 명칭은 몽골 지역 동북부의 몽올 실위(蒙兀室韋)에서 유래한다. '몽올'은 '몽골'의 최초의 음사식 표기다.

---

1 몽골비사(蒙古秘史)

2) 민족의 탄생과 발전

원시사회

14세기 페르시아어로 기록된 라시드 알 딘의 『집사(集史, Jami' al-Tavarikh)』는 몽골족의 오랜 전설 이야기를 담고 있다. 다른 부족과의 전쟁에서 패한 몽골인은 학살을 당하고 남자 두 명과 여자 두 명만 살아남았다. 계속해서 도망 다니던 그들은 한 지역에 다다르게 되는데, 그곳은 주위가 삼림으로 뒤덮여 있고 중앙에 초원이 있었다. 그들은 그곳을 '어얼구네곤(額爾古涅昆: 험준한 산비탈)'이라고 부르며 그곳에서 자손을 낳고 대를 이어 살아갔다. 이 전설 속의 '어얼구나(額爾古納)'는 후룬베이얼(呼倫貝爾) 초원을 지나는 어얼구나강(額爾古納河)을 가리키며, 이 강은 몽골족의 발상지다.

민족의 통일과 대외정벌

1206년 테무진은 오논강변에서 쿠릴타이(대집회)를 열고 (대)칸으로 등극한다. 예케 몽골 울루스(큰 몽골 나라)가 탄생했고, 통치자의 칭호는 바로 칭기즈칸이었다. 그 이후 중국 북방지역에서는 여러 민족을 통합한 강대하고 견고하며 계속해서 발전하는 최초의 민족(몽골족)이 나타난다. 대체로 몽골제국이 통괄하던 고비사막 이북[漠北]과 이남[漠南] 지역 또한 몽골에 속한다고 보았으며, 그곳에 거주하는 주민들도 (통틀어) 몽골인이라고 했다. 중국 요금시대(916~1234)부터 통치 당하는 민족이던 몽골족은 그렇게 통치하는 민족이 되었다.

원나라 멸망 후 몽골의 각 부(部)

원나라가 멸망하고 명나라가 랴오둥(遼東) 서부, 고비사막 남쪽, 간쑤(甘肅) 북쪽과 하미(哈密) 일대에 차례로 몽골 위소[衛所: 주요 군사 거점에 주둔하는 위(衛)와 소(所)라는 일선 군부대] 20여 개를 설치했으며, 각 위소의 장관은 모두 몽골 봉건영주가 맡도록 했다. 15세기 초 몽골고원 서쪽의 오이라트부와 동쪽의 타타르부는 앞 다투어 명나라에 조공을 바치고 주종관계를 맺었다.

몽골의 독립과 네이멍구 자치구 성립

1840년 아편전쟁 이후, 특히 1860년 청나라 정부가 영프 연합군에 패하면서 제정 러시아에 의해 강압적으로 다수의 불평등조약을 체결하고 대륙의 막대한 영토와 몽골 지역의 여러 특권을 빼앗긴다. 1904~1905년, 랴오둥 반도에서 러일전쟁이 발발한다. 중국 동북지방(만주)의 지배권을 놓고 벌인 일본과의 전쟁에 패한 제정 러시아는 일본과 포츠머스 조약[2]을 체결하고 만주 남쪽을 일본에 내어준다.

1921년 3월 1일, 몽골인민당은 소련의 캬흐타에서 몽골인민당 제1차 대표대회를 개최하여 "반제 · 반봉건 인민혁명을 실행하고 민족을 해방시키며 정권을 인민에게 넘기고 사회생활을 개선시킨다"라는 몽골 최초의 투쟁 강령을 통과시켰다. 1946년 1월 5일, 중국 국민당 정부는 공식적으로 외몽골의 독립을 승인했다.

1947년 5월 1일, 중국 내 몽골족은 네이멍구(內蒙古) 자치구를 건립했다. 이는 중국 최초의 소수민족 자치구로 이후 9개의 자치구와 현이 성립

---

2 이 조약은 1905년 9월 5일 러일전쟁을 끝내기 위해 미국 뉴햄프셔주에 있는 군항도시 포츠머스에서 러·일 간에 열린 강화조약이다.

되었다.

2 의식주와 생활문화

1) 복장

몽골족의 전통 옷은 '멍구파오(蒙古袍)'라고 하는데 긴 두루마기(델), 허리띠(부스), 장화(고탈), 머리 장식 등으로 이루어져 있으며 지역에 따라 스타일의 차이가 있다. 남자는 허리띠에 칼, 부시, 코담배 등의 장신구를 차고 다니며 목이 길고 신코가 올라간 부드러운 소가죽 장화를 신는데 길이가 무릎까지 올라온다. 농민들은 옷자락을 튼 두루마기와 솜옷 등의 무명옷을 입는다. 겨울에는 모전(頭髮) 올랍(중국 동북지방에서 겨울에 신는 가죽 신발)을 즐겨 신고, 목이 긴 장화는 잘 신지 않으며, 허리띠를 한다. 푸른색이나 흑갈색 모자를 즐겨 쓰며 비단을 두르기도 한다.

여자는 주로 붉은색이나 푸른색 두건을 머리에 두르며 겨울에는 남자와 마찬가지로 원뿔형 모자를 쓴다. 미혼 여성은 (양 갈래 만두/당고 머리) 5 대 5 가르마를 타 양 갈래로 나누고 양쪽에 둥근 머리 장식을 다는데 머리가 살짝 처지며 마노, 산호, 벽옥 등으로 장식한다.

네이멍구는 토지가 광대해 각 지역마다 자연환경, 경제상황, 생활습관 등이 다르며 복장도 풍부하고 제각기 다채로운 매력을 가지고 있다. 바르쿤(Barkhun), 부랴트(Buryat), 호르친(Khorchin), 우주무친(Ujimqin), 쑤니트(Sunit), 차하르(Chahar), 오르도스(Ordos), 오이라트(Oirat), 토르구트(Torghut), 호쇼트(Khoshut) 등 수십 개 부락의 복장이 있는데, 스타일은 모두 비슷하지만 저마다 다른 특색을 가지고 있다. 기본 형태는 밑단 양쪽

[그림 3-2] 몽골족 모자(출처: 중국동북민족민속박물관, 김영순)

이나 중간에 트임이 있고, 소매는 말굽형인 긴 두루마기(장포)다. 기혼 여성은 겉에 다양한 스타일의 조끼를 입기도 한다.

몽골 각 부락의 전통의상에서 가장 큰 차이를 보이는 것은 바로 여성의 머리 장식이다. 바르쿤 부락 여성들은 양뿔 모양의 머리 장식을 하고, 호르친 부락 여성들은 여러 종류의 비녀를 꽂으며, 호쇼트 부락 여성들은 구슬이 달린 수수한 가발을 쓴다. 오르도스 부락 여성 머리 장식의 가장 큰 특징은 머리를 양 갈래로 묶어 큰 봉을 만들고 마노, 비취 등의 보석들로 화려하게 꾸민 머리 장식을 착용하는데, 몽골족 여성의 머리 장식 중 가장 화려하다.

[그림 3-3] 몽골족 여성 복장(출처: http://dp.pconline.com.cn/dphoto/list_2374827.html)

긴 두루마기[长袍]

여성의 장포로 예를 들자면 호르친, 하르친(Kharchin) 지역의 몽골족은 만주족의 영향을 받아 통이 넓고 길이가 발뒤꿈치까지 오는 장포를 입었는데, 양옆에 트임이 있고 옷깃과 소매에 색색의 꽃무늬를 수놓는다. 시린궈러 초원의 몽골족은 품이 크고 좁은 소매에 테를 두른 트임이 없는 멍구파오를 입는다. 부랴트 여성들은 허리가 잘록하고 어깨가 풍성한 장포를 입는다. 오르도스 여성의 장포는 세 가지로 이루어지는데, 첫 번째는 몸에 꼭 붙는 옷으로 소매가 손목까지 오고 두 번째는 외투로 팔꿈치까지 오며 세 번째는 옷깃이 없는 맞섶의 조끼로 반짝이는 단추가 나란히 달려 있다. 칭하이(青海) 지역의 장포는 티베트족(藏族, 장족)과 비슷하다.

남성 복장은 칭하이 외에 지역의 큰 차이가 없다. 봄가을에는 안감을

[그림 3-4] 몽골족 의상(출처: www.jf258.com)

댄 협포(夾袍), 여름에는 홑겹으로 된 단포(單袍)를 입으며 겨울에는 솜옷, 누비로 된 면포(棉袍)나 가죽으로 만든 피포(皮袍)를 입는다. 평상시에는 면직물을 입으며 명절이나 집안 경사 때는 수단(繡緞: 수놓은 것 같이 돋보이게 짠 비단)으로 테를 두른 견직물을 입기도 한다. 남자의 멍구파오는 주로 남색이나 갈색이며 여자는 붉은색, 분홍색, 초록색, 하늘색을 선호한다. 남자는 장포에 허리띠를 두르며, 여자는 소매에 꽃무늬를 수놓는다. 상의는 옷깃이 높고 한족의 옷과 비슷하다. 여성은 길이가 각기 다른 세 벌의 옷을 즐겨 입는데, 첫 번째는 몸에 꼭 붙는 옷으로 소매가 손목까지 오고 두 번째는 외투로 팔꿈치까지 오며 세 번째는 옷깃이 없는 맞섶의 조끼로 반짝이는 단추가 나란히 달려 있어 매우 눈에 띈다.

허리띠

허리띠는 몽골족의 전통의상에서 매우 중요한 위치를 차지한다. 3~4m의 비단이나 무명으로 만드는데 남성은 허리띠에 칼, 부시, 코담뱃갑 등의 장

[그림 3-5] 허리띠(출처: www.jf258.com)

신구를 차고 다니기도 한다.

몽골 부츠(고탈)

몽골족 부츠는 천이나 가죽 등으로 만드는데, 제작기술이 정교해 신발 갑피에 화려하고 아름다운 그림을 수놓는다. 계절에 따라 가죽, 천, 펠트 등 재료를 달리한다. 가죽 부츠는 주로 소, 말, 양의 가죽으로 만드는데 튼튼하고 내구성이 좋으며 방수, 방한이 뛰어나다. 신코가 위로 구부러진 것, 살짝 구부러진 것, 평평한 것, 뾰족한 것, 둥근 것 등 여러 종류가 있다. 천 부츠는 면직물, 견직물, 벨벳 등으로 만드는데 목이 짧거나 중간인 것(짧은 부츠와 반부츠)이 많다. 신발 갑피에는 그림을 수놓으며, 편하고 부드럽고 아름답다. 펠트 부츠는 양털, 낙타털로 만드는데 보온성이 좋고 마모에 강해 한겨울에 많이 신는다. 또한 몽골족 부츠는 부츠 목의 높이에 따라 목이 높은 것(긴 부츠), 중간 것(반부츠), 짧은 것(짧은 부츠) 등으로 나뉜다. 가죽 부츠는 특수 공예 기법으로 신발목이나 갑피에 이용희주(二龍戲珠: 두

[그림 3-6] 몽골족 부츠(출처: www.pianyit.com)

마리 용이 구슬을 가지고 노는 모양), 박쥐, 구름 무늬, 회자(回字)문, 풀 무늬, 만(卍) 자, 나비, 화초 등의 도안을 장식한다. 천으로 만든 부츠의 목과 갑피에는 주로 꽃무늬를 수놓거나 꽃무늬 천을 꿰매 붙여 장식한다. 현재 유행하는 부츠 스타일은 7~8종이나 된다.

머리 장식

몽골족은 머리 장식을 하고 모자를 쓰는 풍습이 있는데 지역마다 특색이 묻어난다. 네이멍구와 칭하이 지역의 모자는 꼭대기가 뾰족하고 옆이 평평한데 안감은 흰 펠트로 대고 겉에는 가죽이나 자주색, 녹색으로 염색한 펠트로 장식한다. 겨울에는 두꺼운 모자를 쓰고 여름에는 얇은 모자를 쓴다. 모자 꼭대기에 술을 달고 모자 끈은 비단으로 만들며 남녀 모두 쓴다. 후룬베이얼(呼倫貝爾)의 바르쿤, 부랴트 몽골족 남자는 어깨까지 늘어뜨린

[그림 3-7] 전통의상(출처: sns.91ddcc.com)

모자를 쓰고, 여자는 챙이 뒤집어진 꼭대기가 뾰족한 모자를 쓴다. 마노, 비취, 산호, 진주, 은 등의 진귀한 보석은 몽골족의 모자를 더욱 화려하고 다채롭게 한다.

2) 음식

몽골족은 중국 북부 네이멍구 자치구에 주로 분포하고 있다. 몽골족은 '몽고'라고 자칭하는데, 그 뜻은 '영원의 불'이며 '마배(馬背)민족'이라는 별칭을 가지고 있다. 몽골족 목축민은 면양을 생활의 근원이자 전부로 여긴다. 하루 세 끼를 먹으며 우유와 고기는 그들의 밥상에 없어서는 안 될 필수음식이다.

몽골족의 전통음식은 크게 면, 육류, 유제품, 차 네 가지로 분류된다.

육류를 '붉은 음식(울랑 이떼)'이라고 칭하며, 유제품을 '하얀 음식(차강 이떼)'이라고 칭하는데, 순결하고 고상한 음식이라는 뜻을 가지고 있다. 농촌에서는 곡물과 채소를 주식으로 하며 고기를 곁들여 먹는다.

유제품

몽골족은 유제품을 '하얀 음식(차강 이떼)'이라고 부른다. 가축의 젖을 원료로 한 각종 유제품을 몽골어로 '차강 이떼'라고 하는데, 신성하고 순결한 음식이라는 뜻을 가지고 있다. 마시는 유제품으로는 우유, 요거트, 마나이주, 마유주가 있다. 먹는 유제품으로는 나이피즈(우유지방), 치즈, 우유과자, 크림, 우유두부 등이 있다. '하얀 음식'은 맛도 좋고 영양도 풍부하다.

'하얀 음식'은 만드는 방법이 간단하면서도 재미있다. 몽골족은 음식을 먹을 때 음식의 첫 접시나 첫 잔을 손님에게 먼저 대접하는 식사예절을 지킨다. 몽골족은 일반적으로 많이 먹는 우유 외에도 양, 말, 사슴, 낙타의

[그림 3-8] 우유로 만든 제품(출처: blog.sina.com.cn)

젖을 먹는다. 그중 일부는 신선한 젖을 짜서 원유를 마시고, 대부분은 가공해서 유제품으로 만들어 먹는다.

육류

몽골족은 육류를 '붉은 음식(울랑 이떼)'이라고 부른다. 주로 소, 면양 고기를 먹고 산양, 말고기를 먹기도 하며 사냥 시즌에는 몽골가젤을 먹는다. 전통 양고기 요리는 취안양옌(全羊宴: 양고기의 부위별로 조리방법을 달리하여 수백 가지 요리를 만들 수 있는 독특한 요리), 양고기구이, 양심장구이, 양위볶음, 양뇌 후이차이(燴菜) 등 70여 가지가 있는데. 그중 통양구이(烤全羊)가 가장 특색이 있으며 서우좌양러우(手抓羊肉)도 흔히 볼 수 있다.

가축의 고기를 원료로 만든 음식을 몽골어로 '울랑 이떼(붉은 음식)' 라고 하는데, 대표적인 붉은 음식으로는 양 등고기, 서우좌양러우, 양꼬치,

[그림 3-9] 통양구이(출처: my.lotour.com)

솬양러우(涮羊肉, 양고기 샤브샤브) 등이 있다. 이러한 음식들은 유목민족의 삶이 녹아 있고 그들의 열정과 호방함이 묻어나는 고급 요리다. 양 등고기는 몽골어로 '슈스(秀斯)' 또는 '우차(烏查)'라고 하며 오르도스 몽골족이 귀한 손님에게 대접하는 음식이다.

볶음 기장 류

몽골족의 일상음식에서 육류와 유제품만큼 중요한 위치를 차지하고 있는 것은 바로 볶은 기장쌀이다. 서부지역의 몽골족은 볶은 기장쌀로 병(崩)을 만드는 풍습이 있다. 밀가루 음식 또한 계속 증가하고 있는데 가장 흔히 보이는 것으로는 국수, 라오빙(烙餠, 밀전병)이 있다. 몽골족은 또한 밀가루 반죽에 소를 넣어 몽골 빠오즈(包子: 피가 두꺼운 찐만두), 몽골 라오빙, 몽골 쑤빙(酥餠) 등을 만들기도 한다.

[그림 3-10] 몽골 쑤빙(출처: http://www.fmx.gov.cn/lyfw/mstc/content/4028e48a4645830e014692b9862b0a77.html)

차

몽골족은 차를 즐겨 마신다. 홍차 외에도 대부분 나이차를 마시는 습관이 있으며, 매일 눈뜨면 가장 먼저 하는 일이 나이차를 끓이는 것이다. 나이차를 만들 때는 이른 새벽에 처음 길어 올린 깨끗한 우물물을 사용하는 것이 가장 좋다고 하며, 찻잎 부스러기를 주전자나 냄비에 넣고 약불에 2~3분 끓인 후 우유와 소금을 넣고 한 번 더 끓이면 완성된다.

버터나 나이피즈(우유지방), 볶은 기장쌀을 넣어 마시기도 하는데, 고소하고 짭조름하며 영양도 풍부하다. 나이차는 몽골족에게 없어서는 안 될 음식으로 "사흘간 밥을 안 먹을 수는 있지만 하루라도 나이차를 마시지 않으면 안 된다"라는 말이 있을 정도다. 또한 야생식물의 열매, 잎, 꽃을 따 차를 끓여 마시기도 하는데, 그 맛이 독특하며 질병 예방 및 치료에 효과

[그림 3-11] 전통차 주전자(출처: 중국동북민족민속박물관, 김영순)

[그림 3-12] 몽골족의 차문화(출처: www.kasumifc.com)

가 있다.

마유주

마유주는 유목민들이 직접 담가 마시던 진귀한 전통주다. 한여름이 되면 광활한 초원 곳곳에서 향긋한 마유주 냄새가 풍겨오는데, 이때가 마유주를 마시기에 가장 좋은 시기다. 이웃이 모두 모여 손님과 친구들을 초대하고 명절을 즐겁게 경축할 때 밥상에 마유주가 없어서는 안 된다. 마유주를 마셔본 사람들은 하나같이 그 진하고 향기로운 맛과 냄새에 극찬을 아끼지 않는다. 조상 대대로 초원에서 생활해온 유목민 생활에서 마유주는 항상 그들의 곁을 지켜왔으며, 자연스럽게 마유주 문화와 풍습이 형성되었다.

마유주에는 다음과 같은 이야기가 있다. 원나라 쿠빌라이 칸이 어느 날 황궁 연회에서 공을 세운 문·무신들에게 금 그릇에 든 마유주를 하사했는데, 한 명장이 흥분해 잔뜩 취할 정도로 술을 마셨고 이를 본 어떤 사람이 실례를 범했다며 그를 질책했다. 그러자 쿠빌라이 칸은 "괜찮다, 괜찮다. 마유주가 소화도 돕고 군인들이 편안히 잠잘 수 있게 해주지 않겠느냐" 라며 그를 말렸다. 그 이후 마유주의 위상은 크게 높아졌다.

옛적부터 유목민은 마유주를 귀한 음료로 여겨 집에 손님이 오면 항상 마유주를 대접했다. 마유주는 시원하여 몸과 마음을 상쾌하게 해주며, 도수가 1.5~3 정도로 낮아 비위가 상하지 않는다. 또한 추위를 쫓고 혈액순환을 도우며 근육 통증 완화, 치료의 효과도 있으며 위, 비장, 뼈를 튼튼하게 한다.

대표 음식

몽골족의 특색 있는 음식은 매우 많은데 대표적인 것으로는 양고기구이, 양바비큐, 서우바양러우(手扒羊肉), 양고기튀김, 양다리구이, 우유두부, 몽골 빠오즈, 몽골 라오빙(烙餠) 등이 있다. 민간에는 묽은 크림, 나이피즈(우유지방), 통양정식, 양고기익힘, 배추양고기롤, 신쑤빙, 쌀누룽지 등이 있다.

3) 주거

건축물은 그 민족의 기술 수준을 반영한다. '멍구바오(蒙古包, 게르)'는 북방 유목민족의 생활방식을 보여주는 지역성이 뚜렷한 건축물이자 인간-가축-자연 간에 맺어온 관계의 산물이다. 멍구바오를 짓기 위해서는 가장 먼저 어떤 지형에 지을지를 선택한 뒤 물과 풀, 주변 환경이 적합한 곳에 적

[그림 3-13] 멍구바오 모형(출처: 중국동북민족민속박물관, 김영순)

당한 크기의 원을 그린다. 그리고 원 주위에 나뭇가지를 격자무늬로 엮어서 뼈대(하나)를 만들고 정상부에 나뭇가지로 천창(투노)을 만든다. 일반적으로 천창까지의 높이는 약 4m, 벽의 높이는 약 2m이며 문은 대체로 동쪽이나 남동쪽을 향한다. 멍구바오의 외부와 천창은 가벼운 자주버들가지로 만든다. 천장을 중심으로 서까래(우니)가 거대한 양산 모양을 형성하는데, 낙타가죽 끈으로 동여매면 원형의 벽이 완성된다. 천창의 지름은 1.5m이고 겉은 아름다운 문양으로 장식한다. 지붕은 일반적으로 원뿔 모양이다. 외벽을 펠트나 캔버스 천으로 덮는데, 일반적으로 한 겹이나 두 겹으로 하며 더 많이 덮기도 한다. 마지막으로 밤을 보내거나 비를 막을 수 있도록 투노에 직사각형 펠트를 덮는다. 하나(벽)와 우니(서까래)를 원형으로 맞물려 고정시키고 그 위에 펠트를 덮고 실타래로 매듭을 지으면 멍구바오가 완성된다. 멍구바오 한 채는 성인 두세 명이 한두 시간 안에 조립하거나 해체할 수 있다.

멍구바오 내부를 평면화하면 9개의 방위로 나눌 수 있다. 투노 바로 아래는 불의 자리로, 음식을 만들거나 난방을 하는 화로가 있는 곳이다.

[그림 3-14] 멍구바오 내부 모습(출처: 중국동북민족민속박물관, 김영순)

불의 자리 앞에 문이 있는데 문 왼쪽에는 말안장, 우유통 등을 두며 오른쪽에는 탁자, 찬장 등을 놓는다. 주위를 둘러 민족 특색이 묻어나는 전통 문양이 그려진 목궤, 나무상자 등이 가지런하게 놓여 있다. 목궤와 나무상자 앞에는 두꺼운 양탄자가 깔려 있다.

멍구바오는 외부에서 봤을 때는 좁아 보이지만, 실제 내부 면적은 크다는 장점을 가지고 있다. 또한 실내 통풍이 잘되고(여름에는 천창 외의 벽 밑에 있는 천막 밑자락을 걷어 올려 통풍이 되게 하고, 겨울에는 내려 보온이 되게 한다) 채광이 좋아 겨울에 따뜻하고 여름에 시원하며 비바람에도 거뜬하다. 반원형의 지붕은 눈이 와도 쌓이지 않고 비가 내려도 빗물이 고이지 않으며, 원형 구조는 매서운 바람을 막아주기도 한다. 멍구바오의 문은 남동쪽으로 열리게 되어 있어 시베리아의 찬 공기를 막아주고 해가 뜨는 방향을 길하게 여기는 오랜 관념에도 맞다. 멍구바오 내부 중심에는 높이 2척 정도의 화로를 놓는다. 화로 동쪽에는 취사도구를 놓는 찬장이 있고 화로 위 지붕에는 천창(투노)이 뚫려 있으며 서쪽에는 양탄자를 까는데, 그 위에 문양이 새겨진 낮은 나무 탁자를 놓는다. 문의 양쪽에는 말안장, 화살, 사냥총, 고삐, 재갈 등 양치기가 사용하는 도구들을 놓는다. 멍구바오의 서쪽에는 붉게 채색된 목궤를 놓는데, 목궤 북쪽에 불단과 불상을 놓으며 불상 앞에는 향로와 각종 제사용품을 놓는다. 멍구바오는 각 부분이 정교하게 연결되어 있으며 조립 · 해체 및 이동이 간편하고 튼튼해 유목생활에 매우 편리하다.

3 명절과 일상의례

1) 명절

몽골족의 대표적인 명절로는 춘절(설날) 외에도 흥축절(興畜節), 타곡장(打谷場, 탈곡장)절, 타마인(打馬印: 말에 낙인찍기), 노반절(魯班節), 엽일절(獵日節), 제성절(祭成節), 오포성회(敖包盛會), 나담대회(那達慕大會), 마내절(馬奶節), 소년(小年) 등 몽골족 고유의 전통명절이 있다.

설날

몽골족의 설날은 '대년(大年)'이라고 하는데, 과거에는 '백절(白節)'이라고 불렸으며 가장 중요한 전통명절 중 하나다. 몽골족은 지금도 음력 정월을 '백월(白月)'이라고 부른다. 몽골족은 푸른색과 흰색을 숭배하는데, 푸른색을 민족을 대표하는 색으로 여기며 흰색을 순결함, 상서로움, 신성함을 상징하는 색으로 여긴다. '백절', '백월'은 몽골족이 평상시 흰 유제품을 먹는 것과 관련이 있는데 다가오는 봄을 축하하며 상서롭고 뜻하는 바와 같이 되기를 바라는 마음을 함축하고 있다. '백월'은 몽골족 사람들이 함께 교류하고 모이는 때다.

몽골족의 설날 행사는 '송구(送舊: 묵은해를 보냄)'와 '영신(迎新: 새해를 맞이함)'으로 나뉜다. '송구'는 음력 섣달 23일 대청소하는 것을 말한다. 음력 섣달 23일이 지나면 새해를 맞이할 준비를 한다. 설날이 오기 전에 예쁜 멍구파오(蒙古袍)를 만들고 그해 태어난 숫양고기와 각종 유제품, 최고급 술을 준비한다. 그러고 나서 조마(調馬, 말경주)를 한다. 섣달그믐날 밤이 되면 집집마다 양머리를 훈제하고 양 발굽을 삶아 온가족이 집 중앙에 모이며, 자정이 되면 식사를 하고 술을 마신다. 가족 구성원들 모두 어른께 '사세(辭歲: 섣달그믐날 밤에 신령이나 조상에게 제물을 바치고 배례하거나 웃어른께 고두의 예를 올리는 일)'를 올리고 화로에 둘러앉아 쟈오즈(피

[그림 3-15] 명절 모습(출처: http://blog.sina.com.cn/u/6072377797)

[그림 3-16] 현대 몽골족이 최대 명절인 구정을 맞이하는 모습(출처: 郭跃)

가 얇은 만두)를 먹는다.

그런 다음 온가족이 구연을 듣는 등 여러 가지 명절놀이를 하며 밤을 지새운다. 사원 안에서 모닥불을 피워 불속으로 양 발목뼈, 양 발굽, 술, 양고기 등을 던지기도 하는데 온가족이 손을 맞잡고 모닥불 주위를 돌면서 서로의 옷을 두드리며 춤을 춘다. 남자들은 모닥불 주위에서 점프놀이도 하고, 술과 익은 양머리, 양다리를 가지고 마을 집집마다 술을 돌리고 축하의 말을 건넨다. 그러고 나서 온가족이 모여 '샤가이', '샤타르(몽골 장기)', 12도 등의 놀이를 하고 마두금, 사호(四胡: 호금의 일종)를 켜며 축배의 노

[그림 3-17] 대보름 행사(출처: http://blog.sina.com.cn/u/5608649109)

래를 부르면서 동이 틀 때까지 명절을 축하한다.

정월 초하루 전에 정원에서 향을 피우고 공양을 하는데, 남자들은 남서쪽을 향해 삼배구고(三拜九叩)의 예를 행하며 하늘에 제사를 지낸다. 집에 돌아온 뒤 아랫사람들은 웃어른들께 '신년완(新年碗: 그릇에 술이나 음식을 담음)'을 드리며 만수무강을 기원한다. 웃어른들은 답으로 새해 덕담을 해주고 떡을 나누어주기도 한다. 새벽에 쟈오즈를 먹고 난 후 마을 사람들끼리 신년밥(술과 고기 위주)을 나누고 술을 올리며 건강과 행복을 염원한다. 명절의상을 입은 사람들이 말을 타고 이웃집을 돌아다니면서 신년을 축하하고 웃어른께 머리 숙여 절하며 노래하고 춤춘다. 젊은이들은 말타기 경주를 하기도 하는데, 서로 쫓고 쫓기며 시끌벅적한 축제 분위기가 무르익는다. 이 행사는 정월대보름까지 계속된다.

흥축절(興畜節)

흥축절은 정월 16일로, 목축을 하는 몽골족 사람들이 가축을 위한 의식을

[그림 3-18] 몽골의 겨울풍경(출처: 方志)

치르는 날이다. 어떤 지방에서는 시간이 정해져 있지 않아 정월에서 청명 사이의 하루를 잡아 보내기도 한다. 흥축절의 역사는 매우 오래되었다. 이날은 모든 가축을 모아 살이 찐 상태를 확인하고 출산 일정을 짜며, 가축에게 오색 리본을 달아주고 라마승을 청해 라마 경전을 읽게 한다. 부뚜막에 솥을 걸고 맛있는 음식을 만들어 다 같이 모여 앉아 식사를 하고 술을 마시며 서로를 축복한다. 그리고 즐거운 분위기 속에서 명절놀이를 즐긴다.

타곡장(打谷場, 탈곡장)절

몽골어로 '우투루뭐타리후'라고 하며, 흥축절에서 변천된 몽골족의 전통 명절이다. 농업에 종사하는 동부 파림기(巴林旗) 몽골족이 보내는 명절로, 탈곡하기 전에 길일을 골라 탈곡장 도구들을 닦고 축문을 읽으며 제사상을 차려 제사를 지낸다. 탈곡하는 농가에서는 머리를 숙여 절하고 서로에게 술을 올리고 다 같이 모여 식사하며, 각종 민속놀이를 즐긴다.

[그림 3-19] 가을을 맞은 타곡장절(출처: dcbbs.zol.com.cn)

타마인(打馬印: 말에 낙인찍기)

타마인은 몽골족의 전통명절로, 청명절이나 단오절 전후에 지낸다. 이날은 기수(騎手)들이 사나운 말에 마구를 채우며, 말의 왼쪽 볼기뼈 중심에 낙인을 찍는다. 지정된 목초지에 모닥불을 지핀 후 덕망이 높고 기마술이 뛰어나며 낙인찍는 기술이 능숙하고 말의 습성에 통달한 사람을 택하여 말에게 낙인을 찍도록 한다. 말에 마구를 메우는 기수들이 일자로 서면 그들에게 하다(티베트족, 몽골족이 경의나 축하의 뜻으로 쓰는 흰색 · 황색 · 남색의 비단 수건)를 주며 축복한다.

낙인도장이 불에 빨갛게 달궈지고 낙인을 찍는다고 신호를 하면 기수들은 모두 말 무리를 에워싼다. 사람들의 환호성, 말울음 소리, 말발굽 소리가 우레와 같이 울려 퍼지는 장면은 그야말로 장관이다. 초원뿐만 아니라 전국 방방곡곡에서 온 구경꾼들은 이 행사를 보고 제대로 눈요기를 하게 된다. 타마인은 청년들이 마구 채우는 기술을 펼칠 수 있는 절호의 기회이며, 젊은 여성들은 이 행사를 통해 멋진 신랑감을 고르기도 한다.

[그림 3-20] 몽골족의 타마인(출처: www.nipic.com)

노반절(魯班節)

노반절은 윈난성(雲南省) 남부 통하이현(通海縣) 일대에 거주하는 몽골족의 전통명절로, 매년 음력 4월 2일에 지내며 명절 기간은 사흘이다.

1253년 몽골족의 선조인 원나라 백성은 군대를 따라 몽골 대초원을

[그림 3-21] 명절날 모습(출처: www.huaxiaculture.com)

떠나 중국 서남 변방에 다다르게 된다. 오랫동안 다른 소수민족과 함께 생활해온 그들은 환경이 변화함에 따라 목축민에서 어민, 농민이 되었고, 사회의 수요에 따라 형제 민족으로부터 건축 기술을 배우고 노력에 노력을 더해 수많은 건축물을 남겼다. 그들이 지은 가옥은 다른 건물들보다 뛰어났는데, 외관이 아름답고 독특할 뿐만 아니라 내구성이 좋고 오래 가 곧 덴난(滇南: 윈난성의 별칭)의 유명한 토목 건축가가 되었고 칭찬이 자자했다. 그 지역의 몽골족은 이를 자랑스럽게 여겨 토목공사에서 큰 성과를 거둔 것을 기념하고 축하하기 위해 전설 속의 노반이 제자에게 『목경(木经)』을 준 날인 음력 4월 2일을 노반절로 정했다.

엽일절(獵日節)

엽일절은 네이멍구 동부 후룬베이얼멍(呼倫貝爾盟) 일대에 거주하는 몽골족이 지내는 전통명절로, 음력 5월 5일이다.

이날은 날씨에 상관없이 전통풍습에 따라 마을의 사냥꾼들이 모두 모여 말을 타고 총을 메고 칼을 차고 '부루(布鲁: 들짐승을 사냥할 때 쓰는 구부러진 나무 막대기. 무게가 500g 정도인 목제 사냥도구로, 던져서 목표물을 맞힐 확률이 매우 높다)'를 들고 사냥개를 데리고 산에 올라가 사냥을 한다. 이날은 몰이사냥을 하는데, 덕성과 명망이 높은 사냥꾼 아빈다(阿賓達)를 선출해 지휘관을 맡긴다. 사냥이 시작되면 사냥꾼들은 조를 나누어 각각 다른 위치, 다른 방향에서 한 곳으로 서서히 포위망을 좁힌다. 정오에 야외에서 점심을 먹고 오후가 되면 열기가 한층 고조된다. 사냥감이 한 곳으로 몰리면 사냥꾼들은 사냥 기술을 겨루고 죽은 짐승들은 그들의 전리품이 된다. 사냥꾼들이 사냥을 마치고 돌아오면 마을 사람들 모두 마을 입구에 모여 그들의 개선을 환영한다.

[그림 3-22] 엽일절에 말 타는 모습(출처: mzl.wenming.cn)

제성절(祭成節: 칭기즈칸의 묘에 제사를 지내다)

제성절은 몽골족의 전통 제사의식으로 매년 음력 3월 20일, 5월 15일, 9월 12일, 10월 3일에 거행한다. 제사를 주관하는 사람은 사당에서 남쪽으로 100보 떨어진 '금주(金柱, 금기둥)' 주위를 세 번 돈다. '금주'에서 81궁[弓: 지적(地積) 단위] 떨어진 곳에서 바깥을 향해 말젖을 뿌린 뒤 기둥 옆에 묶여 있는 성마와 망아지 주위를 돈다. 기둥 주위를 돌 때는 작은 나무 숟가락으로 말젖을 떠서 뿌린다. 기둥을 다 돌고 나면 능(陵)지기가 말젖을 은그릇에 담아 말 등 위에 올려놓는다. 말이 놀라 펄쩍 뛰어 은그릇이 떨어지면 다시 올려놓는다. 의식이 끝나면 술을 올린다.

헌관[獻官: 헌작(獻爵: 술을 올리다)하는 사람]은 능전(陵殿) 바깥에 무릎을 꿇고 앉고, 능지기가 주전자에 들어 있는 술을 2개의 술잔에 따른다. 헌관은 장방형 그릇을 들고 능전 안으로 들어간다. 헌작이 끝나면 하다, 초, 향, 양을 올리고 양꼬리 기름을 향단 앞 화로에 넣는다. 그리고 나서 하

[그림 3-23] 제세릉(출처: www.imfic.com.cn)

다 조각을 태운다. 한 사람씩 돌아가며 무릎을 꿇고 앉아 은제 술잔에 담긴 백주를 마신 뒤 다 같이 양고기를 먹는다. 제사에 참가하는 사람들이 성금을 모아 바치는 경우도 있는데, 그 금액은 제각기 다르다. 성금을 받으면 능지기가 답례로 흰 보자기를 주는데 그 안에는 코담배, 가죽 끈, 하다 조각이 들어 있으며 이는 액운을 물리치고 재앙을 막는 성물로 여겨진다. 제사의식이 끝나면 말 타기, 활쏘기, 씨름 등의 민속놀이와 가무를 즐긴다.

몽골족의 제성절은 역사가 오랜 신성한 의식으로 사람들은 이 명절제사를 통해 역사상 탁월한 군사적 업적을 남긴 용맹하고 뛰어난 영웅 칭기즈칸을 기리고 존경을 표한다.

제오포(祭敖包: 오포에 제사를 지내다)

'오포'는 '어버'라고도 하며 '무더기'라는 뜻이다. 돌이나 흙, 풀 등을 쌓아 올려 길이나 경계표시를 한 것으로 몽골족 사람들은 여기에 신령이 머문다고 생각하여 제사를 지낸다. 오포는 모양이 대체로 비슷한데 원형 제단에

[그림 3-24] 몽골족의 제오포 의식(출처: record.btime.com)

돌을 쌓아 받침대를 만들고 그 위에 대 · 중 · 소 세 층으로 돌을 쌓아 원뿔 모양으로 만든 후 주위에 백토를 바른다. 높이는 10여 장(丈: 약 3.33m)이며 그 모습이 봉화대 같기도 하고 멀리서 보면 첨탑 같기도 하다. 오포의 개수는 지역마다 달라 하나만 있는 경우도 있고 많이 있는 경우도 있다. 시린궈러맹 베이쯔묘[貝子廟: 숭선사(崇善寺)라고도 함]에 있는 13오포가 가장 유명하다.

제오포는 몽골족의 전통명절로, 대체로 1년에 한 번 지내며 구체적인 일시는 지역마다 다르다. 6월 3일에 지내는 곳도 있고, 수초가 무성한 여름이나 가을에 지내기도 한다. 이날은 고기, 마유주, 유제품 등의 제사음식을 준비해 오포에 모여 성대하게 제사의식을 거행한다. 오포에 나뭇가지를 꽂고 거기에 오색찬란한 천과 종이 깃발을 단다. 라마승을 청해 향을 피우고 라마 경전을 읽고 주문을 외게 한다. 사람들은 한 해가 길하고 사람과 가축이 번성하기를 바라는 염원을 담아 엎드려 절하며, 오포 꼭대기에 돌을 쌓고 오색 천과 경전이 적힌 깃발을 건다. 그리고 다 같이 오포 주위를 오른쪽으로 세 바퀴 돌며 신에게 복을 빈다.

제사의식은 지역마다 차이가 있지만 일반적으로 혈제(血祭), 주제(酒祭), 화제(火祭), 옥제(玉祭) 네 종류가 있다. 혈제는 자신이 키우던 소, 말, 양 등을 잡아 신에게 바치는 제사이며 주제는 우유, 크림, 젖술(마유주) 등을 한 방울씩 뿌리는 제사다. 화제는 마른 가지나 소, 말, 양 한 무더기를 태우면서 불 주변에서 자신의 성을 외치고 '부릉히 마흐(몽골식 양고기 완자)'를 불속에 던지는 제사로, 불길이 클수록 좋다고 한다. 옥제는 옥을 공물로 바치는 제사인데, 현재는 대부분 동전과 볶은 기장쌀로 대신한다.

오포 제사의식이 끝나면 제사에 참가했던 사람들이 모두 모여 말 타기, 활쏘기, 씨름 등의 민속놀이와 음주가무를 즐긴다. 청춘 남녀들은 이 기회로 만나 산책하고 대화를 나누며 친해지기도 한다. 영화나 소설 속에 나오는 '오포상회(敖包相會)'는 바로 이런 장면을 말한다. 사회의 발전과 유목민 사상의 변화, 과학기술의 발달로 제오포는 후에 나담대회(那達慕大會)로 변하게 된다.

나담대회(那達慕大會)

'나담(那達慕)'은 몽골어로 '풍작을 경축하고 오락을 즐기다'라는 뜻을 가지고 있으며, '나담대회'는 신성하고도 오랜 역사를 가지고 있는 몽골족의 가장 성대한 전통명절이다.

나담대회는 오포 제사에서 유래되었다. 나담대회에 관한 기록 중 가장 오래된 것은 1225년 고대 몽골 문자로 절벽에 새겨진 『칭기즈칸(成吉思汗)』이다. 이 석각 기록에 따르면 칭기즈칸이 화레즘 정복전쟁 승리를 자축하기 위해 하수치하이(花刺子模) 지역에서 성대한 나담대회를 열어 활쏘기 시합을 벌였다고 한다.

흉노제국 시대에 이 세 종목은 북방 유목민족의 오락활동과 군사 훈

[그림 3-25] 나담대회 모습(출처: http://news.hexun.com/2015-06-28/177100256.html)

련 용도로 활용되었고, 금(金)나라 시대에는 우승자에게 표창을 수여하는 것이 하나의 제도로 자리 잡았다. 청조에 이르러서는 점차 몽골족 정부 내의 조직성 · 목적성이 있는 정기적인 모임으로 변했고, 그 규모와 형식, 내용 모두 발전했다.

네이멍구 자치구 성립 후 나담대회는 정식으로 광대한 초원에서 생활해온 유목민족 고유의 축제로 인정받았으며, 1년에 한 번 지내는 성대한 명절로 자리 잡았다. 나담대회는 매년 7, 8월 사이 목축업의 황금기에 개최된다. 이 시기 네이멍구는 하늘이 푸르고 공기가 맑은 가을 날씨로 바람과 햇볕이 따스하고 초목이 무성하다. 양은 살찌고 말은 튼튼하며 마을은 온통 풍요로 뒤덮여 있다. 마을 사람들 모두 형형색색의 화려한 명절 복장을 하고 즐거운 마음으로 말을 타고 낙타무리를 이끌고 소달구지를 쫓으며 목가(牧歌)를 부른다. 나담대회에 참가하기 위해 전국 방방곡곡에서 사람들이 모이는데, 상급기관과 형제기(旗: 네이멍구 자치구의 행정구획 단위), 현

(縣)에서도 대표단이 와 명절을 경축한다.

나담대회는 일반적으로 7일 동안 열린다. 축제가 시작되기 전 남녀노소 모두 명절 복장을 차려 입고 말이나 마차, 자동차를 타고 백 리, 천 리를 달려 축제가 열리는 광장에 모인다. 모인 사람들 모두 광장 주위 초원에 멍구바오를 치는데, 푸른 초원에 흰 멍구바오가 널려 있는 모습은 마치 하늘에서 바람을 타고 내려온 뭉게구름 같다. 채색 깃발이 펄럭이고 양과 소, 말이 기쁘게 울며 초원의 매력을 배가시킨다. 유목민들은 물건을 많이 들고 오는데, 자신의 멍구바오를 들고 오는 경우도 있다. 광장 주변에는 멍구바오 외에도 잡화 노점, 잡화 가게, 매점, 식당, 과일 노점들이 즐비하고 매장 안에는 멍구파오, 목이 긴 승마화, 각양각색의 가죽 저고리, 금은 장신구 등 없는 것 없이 각종 상품들이 가득 진열되어 있다. 유목민들은 자랑스럽게 나담대회 내의 시장을 베이징의 왕푸징(王府井), 따자란(大柵欄)과 비교하며 초원의 작은 상하이에 비유하기도 한다.

나담대회는 볼거리, 즐길거리가 매우 풍부하고 다채로운데 그중에서도 가장 주목받는 것은 뭐니 뭐니 해도 '남자들의 세 가지 경기', 즉 말 타기, 활쏘기, 씨름이다.

마내절(馬奶節)

몽골족의 명절 활동은 계절과 깊은 관계가 있다. 봄이 오면 만물이 소생하고 들판은 푸르며 가축이 번식하는데, 이 시기에 초원에서 오축의 흥성을 기원하는 제사를 올린다. 유제품의 계절이 시작되고 끝날 때는 마내절 금내제(禁奶祭)를 지낸다. 가축에 낙인을 찍고 양털을 깎으며, 말발굽을 박는다. 펠트를 만든 후에는 노동의 성과를 경축하는 축하연회를 연다. 이러한 것들이 바로 유목민들의 전통 성회이자 몽골족 초원 사람들의 중요한

[그림 3-26] 말젖을 마시는 몽골족 사람들(출처: http://sports.sina.com.cn/o/2019-02-02/doc-ihqfskcp2690888.shtml)

명절이다.

마내절은 네이멍구 자치구 시린궈러맹의 일부 목축 지역에서 지내는 명절로, 음력 8월 하순 하루 동안 거행된다. 마내절은 건강, 행복, 만사형통을 기원하는 성대한 축제다.

소년(小年, 작은 설)

음력 12월 23일은 불의 신에게 제사 지내는 '제화절(祭火節)'로, '소년(小年, 작은 설)을 지내다'라고도 한다. 23일이 아닌 다른 날에 지내는 지역도 있는데, 이날 칭기즈칸 시대의 몇몇 부락이 적군의 습격으로 제사를 놓쳤기 때문이라고 한다. 그 후 사람들은 제화절을 24일로 바꾸었다.

불의 신에게 제사 지내는 것은 몽골족의 보편적인 풍습이어서 제사 방법은 대체로 비슷하다. 매년 제화절이 되면 집집마다 아침 일찍 일어나 정원을 가꾸고 집을 청소한다. 한 해 동안 쌓인 먼지를 깨끗하게 털어내고 집 안팎을 깔끔하게 정리정돈하는데, 주방도구 또한 세척해야 하며 특히

[그림 3-27] 몽골족의 제화절(출처: 镶黄旗宣传平台)

아궁이의 재를 깨끗하게 치워야 한다.

2) 일상의례

(1) 혼례

몽골족의 혼인풍습은 청혼에서부터 시작된다. 남자가 여자 집에 여러 번 청혼해야 허락을 받을 수 있으며, 몽골족 속담 중에는 "많이 청혼하면 귀한 대접을 받고, 적게 청혼하면 천한 대접을 받는다"라는 말도 있다. 여자 측이 청혼을 받아들이면 남자 측이 하다, 마유주, 통양고기를 들고 여자 집에 찾아간다[납폐(納幣): 신랑 측에서 신부를 맞기 위해 예물을 보냄]. 여자 집에서는 손님들을 초대해 술을 마시며 정식으로 정혼(定婚)을 한다.

정혼 예물

남자 측은 정혼을 하기 전에 화목함, 달콤함, 왕성함을 상징하는 설탕과 찻잎, 수지(樹脂) 등의 물건을 흰 손수건에 싸서 여자 집에 보내 중매인을 통해 중매를 청한다. 여자 측이 받아들이면 혼사를 진행할 수 있게 된다. 그러면 남자 측 부모가 직접 하다, 젖술(마유주), 눈깔사탕 등의 예물을 들고 여자 집에 찾아가 혼인을 청하는데, 여러 번 청해야 정혼을 할 수 있다. 여자 측이 예물을 받고 나면 남자 측은 술을 석 잔 주는데, 여자가 이 술을 다 마시면 정혼이 성사된다. 결혼 날짜가 다가오면 남자 집에서 여자 집에 예물을 보내는데, 찐 통양고기를 보내는 것이 일반적이며 술, 차, 하다 등을 보내기도 한다. 여자 측은 선물을 보낸 남자 측을 친절하게 대접하고 양측 모두 축배를 들고 덕담을 나누고 노래를 주고받으면서 집안의 경사를 축하한다.

양 목 자르는 시험

오르도스 몽골족 신부 측은 신랑과 신부 맞이 행렬이 집에 오면 그들을 귀하게 모신다. 다 같이 먹고 마시고 노래하고 춤추는 시끌벅적한 분위기 속에서 신랑 측 축송자(祝頌者)는 조용히 그 자리를 빠져나와 신랑을 신부 방에 데리고 간다. 두 사람이 객위(客位: 장례 등 의식 때 손님이 앉는 자리)에 앉으면 신부 측 들러리가 삶은 양 목고기로 신랑을 대접하는데, 신랑에게 고기의 반을 가르게 해 힘이 얼마나 센지를 본다. 신랑을 곯려주기 위해 목뼈 골수 안에 에셀 나뭇가지나 철 막대기를 집어넣기도 하는데, 누군가 미리 귀띔해주면 신랑이 그것을 꺼내 고기를 쉽게 자를 수 있다. 어떤 사람은 귀띔해줘도 못 알아차리고 땀을 흘리면서 낑낑대기도 하는데, 마치 개가 거북을 무는 것처럼 조급해하고 창피해한다. 그러면 신부 들러리와 친구들은 깔깔대며 신랑에게 장난을 치고 놀린다.

[그림 3-28] 몽골족의 전통혼례 모습(출처: 丝路上奈曼旗蒙古族婚礼-吕世宽)

신부 맞이[親迎] 길

몽골족은 신랑이 신부를 맞이하러 가는 길에 신랑과 신부가 앞 다투어 먼저 집에 가는 풍습이 있다. 송친(送親: 신부 측 친족이 신랑 집으로 후행)할 때 가끔 여자 후행자들이 신랑의 모자를 뺏어 말채찍 위에 걸거나 땅에 떨어뜨리기도 하는데, 그러면 신랑은 말에서 내려 모자를 줍느라 시간을 지체하게 된다. 어떤 때는 신랑이 머리를 쓰기도 하는데, 집에서 멀지 않은 곳에 술상을 차려놓고 신부 측 후행자들을 대접한다. 신부가 호의를 거절하지 못 해 말에서 내려 술을 마시면 신랑이 이 기회를 틈타 먼저 집에 간다. 이렇게 서로 말을 타고 술래잡기를 하면서 분위기가 후끈 달아오른다.

천지신에게 절하지 않고 난로에 절하기

신랑이 신부를 맞이하러 가는[親迎] 날은 남자 측이 닭을 잡아 점을 쳐서 정한다. 그날이 되면 신부 측 부모와 중매인이 신부를 신랑의 집까지 데려

다주고, 신랑 집에서는 술과 고기로 귀한 손님들을 대접한다. 신부와 신랑은 함께 칼을 쥐고 닭 한 마리를 잡아 간의 무늬를 보고 길흉을 점치는데, 결과가 길하게 나오지 않으면 길한 무늬가 나올 때까지 신부와 신랑이 각각 닭 한 마리씩을 계속 잡는다. 그러고 나서 음주의식을 거행하는데, 모든 사람 앞에 술대접을 놓고 대접 가장자리에 수유(酥油: 소, 양의 젖을 국자로 저으며 부글부글 끓여 냉각한 후 응고된 지방으로 만든 기름)를 바른다. 신랑 · 신부는 이 술을 먼저 한 모금 마시고 합환주(合歡酒: 남녀가 결혼할 때 함께 잔을 나누어 마시는 술)를 마신다. 합환주를 다 마시면 중매인을 포함한 모든 손님들을 대접한다. 신랑 · 신부와 양가 친지들 모두 음주가무를 즐기며 밤을 지새운다.

(2) 장례

정구(停柩: 영구를 안치하다)

몽골족의 장례풍습은 매우 독특하다. 사람이 천수를 다하고 집안에서 죽은 경우, 시신을 침대에 두지 않고 향 일곱 대를 태우고 나서 수의를 입힌다. 자손들은 머리 앞에 과일을 두고 무릎을 꿇고 앉아 절을 한다. 그러고 나서 고인의 손과 얼굴을 깨끗하게 닦고 창문을 통해 내보내어 입관한다. 가족들이 곁을 지키는 시간은 3일에서 7일까지 제각기 다르며, 그 기간 동안 친인척들은 제사 과일을 올린다. 나이가 많은 고인에게 올린 제물은 외부인이 가져가서 어린아이에게 백세장수 하라는 의미로 먹이는 경우도 있다. 어떤 지역은 노인의 장례를 치를 때 제삿밥을 나눠주는 풍습이 있다.

비장

비장(秘葬: 봉분을 만들지 않고 산기슭, 산비탈, 산골짜기, 계곡 등에 몰래 묻는 장례법)은 다른 말로 '심장(深葬)'이라고도 한다. 명대 엽자기(葉子奇)의 『초목자(草木子)』에 원대 몽골족의 비장과 관련된 기록이 있다. "나라에서는 무덤을 만들지 않는다. 매장이 끝나면 1만 마리의 말을 달려 땅을 평평하게 만든다. (어미 낙타와 어린 낙타를 끌고 와) 어린 낙타를 죽이고 그와 함께 묻는다. 부대를 파견하여 지키다가 이듬해 봄에 풀이 나면 장막을 거두고 흩어진다. 땅이 넓고 평평하여 어디에 묻었는지 알 수 없게 된다. 그 후 제사를 지낼 때는 어미 낙타를 다시 데려가는데, 그가 배회하며 슬피 우는 곳이 묻힌 곳임을 알게 된다." 칭기즈칸이 죽은 후 당시 장례풍습에 따라 그가 미리 정해놓은 자리에 비장을 했다고 한다. 『원사(元史)』「태조기(太祖紀)」에 "(칭기즈칸은) 기련곡(起輦谷)에 안장되었다"라고 전한다. 션청즈(沈曾植)는 『몽고원류전증(蒙古源流箋證)』에서 "기련곡은 막북(漠北: 고비사막 북쪽) 지역에 있다. 기련곡은 (몽골어) 케룰렌(Kerulen, 케룰렌강)의 합자(合字)"이며 칭기즈칸의 무덤이 몽골공화국 내에 있을 것으로 보았다. 칭기즈칸의 장례는 '비장'이라는 특수한 방식을 사용하여 그의 실제 무덤에 대한 단서는 안타깝게도 아직까지 나오지 않고 있다.

야장

야장(野葬: 송장을 들에 버리는 장례법)은 라마교가 전해진 후 유목민족들이 해방되기 전에 흔히 사용하던 장례방법으로 '천장(天葬)'이라고도 한다. 사람이 죽은 후 고인에게 새 옷을 입혀주고 부츠를 신긴다. 그런 다음 흰 천으로 몸을 감싼 뒤, 시신을 굴레차(말이나 낙타의 등에 싣는 경우도 있다)에 싣고 가축을 채찍질하며 정해진 야장 장소로 간다. 사람이 직접 가축을 몰 필요 없이 제멋대로 날뛰고 흔들리게 둔다. 시신이 어디에 떨어지든 아무도 신경 쓰지 않고 짐승의 먹이가 되게 내버려둔다. 사흘째가 되

[그림 3-29] 몽골족의 야장 모습(출처: www.wed114.cn)

면 바퀴자국을 따라 시신을 찾으러 간다. 만약 시신이 들짐승들의 먹이가 되었다면 연회를 베풀어 가족과 친인척이 모두 모여 함께 축하하고, 영혼이 이미 천당으로 올라갔다고 믿으며, 후세의 길조라 여긴다. 짐승에게 먹히지 않았다면 고인이 생전에 죄를 짓고 그 죄가 아직 씻기지 않았다고 여겨 라마승을 청해 라마 경전을 읽게 해 재앙을 없애고 참회, 속죄하게 한다. 그리고 들짐승에게 먹히기 좋도록 시신에 버터를 바른다. 자손들은 야장 후 49일 혹은 100일 동안 고인에게 애도를 표하기 위해 머리를 깎지 않고 술을 마시지 않으며 향락을 즐기지 못하고, 손님을 접대할 때 인사를 나누지 못한다. 야장은 무덤을 남기지 않는 것이 특징이다.

조금 다른 야장법도 있다. 시신을 실은 차를 몰아 야장 장소에 도착하면 차를 흔들리게 둔다. 시신이 떨어지는 곳이 바로 길한 묏자리다. 흙과 돌로 시신을 감싸고 사흘 뒤에 앞서 말한 방법과 같이 시신을 찾으러 갔을 때 짐승의 먹이가 되었다면 기쁜 마음으로 유골과 유품을 묻는다. 먹히지 않았다면 라마승을 청해 라마 경전을 읽게 한다. 야장이라는 장례법의 특징은 하늘의 뜻에 따라 묏자리를 정한다는 것으로 널리 유행했다. 해방 후 이러한 장례방식은 종적을 감추었다.

화장

화장은 시신을 불에 태우는 장례법으로 중병에 걸려 죽은 사람이나 임신부, 미혼 여성인 경우 주로 행해졌다. 죽은 임산부는 배 속의 죽은 태아를 꺼내 같이 화장한다. 시신을 태울 때 쓰는 땔감은 집집마다 찾아가 구한다. 화장 후 3일 혹은 7일째 되는 날 젓가락으로 유골을 꺼내 나무함에 넣고 땅에 묻는다. 그런 다음 그 위에 흙을 덮어 무덤의 표식을 남긴다. 화장은 귀족들이 주로 행하던 장례법이기도 하다. 사람이 사망하면 시신을 깨끗이 닦고 천을 두른 뒤, 버터를 발라 불에 태운다. 그리고 유골은 라마사원 안에 안치한다. 뼈를 잘게 부수고 밀가루와 섞어 전 모양으로 만든 후, 영탑[靈塔: 불가에서 활불(活佛)과 고승들의 유해를 안치해두는 탑을 가리킴]에 안치하거나 우타이산(五臺山)의 영성(靈城)에 봉장(奉藏)하여 부처의 가호를 빈다. 화장은 불교의 유입과 밀접한 관계가 있는데, 몽골족은 불교를 신봉했고 불교에서는 화장을 주장했기 때문이다.

화장은 해방 전 유목민족의 장례법 중 하나로 귀족들이나 부유층 사람들이 주로 행했다. 샤머니즘과 라마사원의 영향을 받은 지역에서는 화장이 비교적 많이 행해진다. 하지만 화장이 보편화된 것은 아니다. 빈곤한 목축민 중에도 화장을 하는 경우가 있지만 주로 독거노인, 미혼 청년, 전염병 환자, 부인병이나 난산으로 죽은 여성들, 또는 생전에 화장을 하겠다고 유언을 남긴 경우에만 이러한 장례법을 행했다. 화장할 때는 시신 전체에 흰 천을 두르고 버터를 바른 후, 라마승을 청해 라마 경전을 읽게 하여 제도(濟度: 미혹한 세계에서 생사만 되풀이하는 중생을 건져내어 생사 없는 열반의 언덕에 이르게 함)한다. 장례가 끝난 후에는 시신과 관을 함께 태운다.

매장

청나라 이후의 몽골족은 매장을 주로 행했으며, 이 시기에 '묘지'라는 것이 출현했다. 환자가 사망하면 가족들은 고인의 옷을 새 옷으로 갈아입히거나 흰 천으로 시신을 감싼 뒤 옷, 코담배함, 몽골칼, 나무그릇 등과 함께 시신을 관에 넣은 후 땅에 묻는다. 매장할 때는 좋은 묏자리를 고른 후 땅을 파고, 중산층 사람들은 구덩이 안에 벽돌이나 돌로 벽을 쌓는다. 대길(臺吉: 청나라 때 몽골의 대귀족에게 내린 관직명)이 죽은 경우에는 장례방법을 매우 중요하게 여겼다. 고인을 직물로 감싼 후 관에 넣고 왕실에 3년 혹은 7년 동안 보관했는데, 이를 '정구(停柩)'라고 한다. 이 기간에는 돌을 쌓아 집을 만들어 관을 숨겨두는데, 이를 '능(陵)'이라고 하며 능지기를 배치하여 능 옆에 거주하며 지키도록 한다. 능지기의 수는 귀족의 등급에 따라 정해지는데, 예를 들면 친왕은 10명, 군왕과 고륜공주(固倫公主: 황후 소생의 적녀)는 8명, 패륵(貝勒)과 패자(貝子), 화석공주(和碩公主: 황비 소생의 서녀)는 6명, 진국공(鎭國公: 패자의 아들), 보국공(輔國公)은 4명, 보국공 이하의 일반관리 혹은 공로가 없는 사람들은 능지기가 없었다. 고르로스 대왕 그리고 집사들의 무덤을 '아문(衙門)'이라 불렀는데 노비, 목축민 혹은 행인이 아문으로 잘못 들어섰다가 잡히면 매우 엄중한 처벌을 받았다.

입관 후 라마승을 청해 라마 경전을 읽게 하는데, 일반적으로 3일 혹은 5일 동안 읽으며 부잣집은 49일에서 100일을 읽기도 한다.

매장은 시신을 땅에 묻는 장례법이다. 묏자리는 일반적으로 언덕을 끼고 평야를 바라보는 고지를 선택한다. 무덤 남쪽 벽에 네모난 구멍을 파고

[그림 3-30] 몽골족의 장례식 모습(출처: www.wed114.cn)

등불을 밝히는데, 이는 어둠을 내쫓는다는 의미다. 무덤을 다 파면 삽으로 평평하게 깎아 발자국을 남기지 않는다. 관을 넣기 전에 도끼와 낫을 놓는데, 이는 귀신이 무덤을 침범하지 못하도록 하기 위함이다. 입관(立棺: 관을 세워서 묻음)할 때는 부유한 사람의 경우 나무로 만들며 상단이 뾰족하다. 매장할 시신을 흰 천으로 감싸고 시신을 앉는 자세로 넣은 다음 벽돌을 쌓는다. 가난한 사람은 버드나무 가지로 관을 만들며 시신을 흰 천으로 감싸고 광주리에 앉은 모습으로 두고 매장한다. 와관(臥棺)할 때는 관과 무덤이 평행이 되도록 하는데, 이는 시신의 머리를 누르지 않는다는 의미다. 만약 머리를 낮게 놓으면 자녀들이 평생 남들에게 괴롭힘을 당하고 고개 들 날이 없다고 한다. 무덤 위에도 원미와 백미를 뿌린다. 무덤을 덮을 때는 동서 방향으로 멀리 떨어진 곳에서 흙을 가져와야 하는데, 남쪽에서 가져오면 고인의 혼령이 드나드는 길이 파헤쳐지는 것을 의미하며 북쪽에서 가져오면 고인의 집 기둥이 파헤쳐지는 것을 의미하므로 이는 살아있는 사람에게도 좋지 않다. 매장이 끝나면 제물 중 일부를 태워서 고인에게 주고 나머지는 장례자들에게 준다. 무덤 위에는 나뭇가지에 흰 천을 단 깃발을 꽂는다.

4장

다우르족 이야기

1 기원 및 성립과정

다우르족은 네이멍구 자치구 모리다와 다우르족 자치기(莫力達瓦達斡爾族自治旗), 헤이룽장성 치치하얼시 메이리쓰 다우르 민족지역(黑龍江省齊齊哈爾市梅里斯達斡爾族區), 어원커족 자치기(鄂溫克族自治旗) 일대에 거주하고, 일부는 신장의 타청, 랴오닝성에 살고 있다.

다우르족에 대한 최초의 기록은 다카하시강(清溪川) 지역에 거주한 적이 있다는 고서에서 발견된다. 그 이후 명나라 때 헤이룽강 이북으로 이주했고, 17세기 중엽 중 · 러 국경지역 전쟁 때 청나라는 후방을 견고하게 하기 위해 다우르족을 처음으로 떠우만강 유역으로 이주시켰다. 청나라 정부가 청장년을 군사로 뽑아 동북지역과 신장 변방도시를 지키게 하면서 일부는 다른 지역으로 이주하게 되었다.

[그림 4-1] 다우르족 마을 모습(출처: http://www.minzu56.net/)

1) 종족 기원신화

수백 년 전 거란의 군대가 중국 동북지역으로 와서 변방 장성을 쌓았다. 그 이후 이 지역에 정주하면서 다우르족을 형성했다. 당시 군대의 장군 하지얼디한이 오늘날 다우르족의 조상이다. 다우르족은 조상이 군인 출신이기에 싸움을 잘하고, 활쏘기와 말 타기에 능숙한 민족이다. 다우르족의 '다'는 다우르 언어로 '원조'라는 뜻을 지니고 있으며, '우르'는 거주지역, 위치를 말한다. 따라서 다우르족의 민족명은 두 가지 뜻을 내포하고 있다. 하나는 '조상 대대로 거주하던 사람'이라는 뜻과 다른 하나는 '역사적 사명으로 인해 자신이 거주하던 지역을 떠나 다른 지역으로 이주를 번복하다가 결국 다시 원래 조상의 지역으로 회귀했다'라는 뜻을 지니고 있다.

다우르족 민간에서는 자신들의 조상에 대해 남정, 북벌의 전설이 전해 내려오고 있다. 노인들의 옛이야기를 들어보면 아주 오래전 다우르족의 조상인 사지하르디한은 아내와 측근들을 데리고 남부지역을 정복하러 왔다. 저녁에 그들은 헤이룽강 북쪽에서 야영했다. 한밤중에 갑자기 큰 눈이 쏟아지고 강물이 얼자 칸은 부대에 서둘러 강을 건너라는 명을 내렸다. 아침에 칸의 아내가 일어나 보니 칸은 부대와 함께 떠나고 강물은 벌써 다 녹아 파도가 거세어 지나갈 수 없었다. 부득이 아내는 강을 건너지 못하고 원래 살던 곳으로 돌아간다.

칸은 남부 정복의 여정에서 정복하는 지역의 사람들에게 "우리는 지다우인"이라고 말했다. 그 말은 정복자와 정벌의 뜻을 지니고 있다. 『사기(事記)』에서 거란인은 자신들을 '거란'이라고 불렀다. 따라서 그 민족명도 '거란족'으로 명명되었다. 오늘날 대부분 국가들은 중국을 '거란'이라는 이름으로 부르고 있다. 거란족의 가장 많은 성씨는 '대화'씨다. '대화'는 '다우르'의 다른 음이다. 『청실록(淸實錄)』 기록에 따르면 중산성 귀베러씨는 헤이룽강 부터하다우르인이다. 조상은 거란 대화씨이며 대를 이어 헤이룽강 변 궈메르촌에 살고 있다.

'다우르'는 '탑호', '다루'의 요나라 시기 지명이다. 요나라 왕조 때 '다루하'(현재 지린성 경내 조하)변 태주는 거란 귀족 대화씨의 영지이며 방목장이기도 했다. 다우르 조상의 민요에도 "태주초원에서 우리는 방목을 하네"라는 가사가 있다. 『요사(遼史)』에는 "동짓날 나라에서 흰 양, 백마, 기러기를 잡아 그 피와 술을 섞어 담아 하늘을 우러러 흑산에 대해 건배한다. 북쪽에 있는 흑산에는 민족의 호기로운 기상이 깃들어 있다"라는 기록이 있다. 이를 통해 거란인은 국경 이북의 헤이룽강에서 남하한 사람들임을 알 수 있다.

2) 민족의 탄생과 발전

다우르족은 역사가 오래된 민족이다. 기원전 11~12세기경부터 다우르족에 대한 기록이 있다. 그들이 한 민족으로 형성되기 전에는 춘추전국시대 동호, 선비족의 일부이기도 했다. 거주지는 다싱안링 서북지역으로 오늘날 다우르 민족의 발상지다. 원나라 때는 '거란'이라는 민족명을 사용했고, '다우르족'으로 불리기 시작한 것은 명나라 시기다. 이때부터 다우르 민족에 대한 자료를 찾아볼 수 있다.

명나라 시기 다우르족은 헤이룽강 북쪽에 거주했다. 이 지역은 수자원이 풍부하고 토양이 비옥하다. 그들은 농업에 종사하고 밀 재배를 주로 하며, 가축을 키우고 수렵생활도 한다. 또한, 다른 지역 민족들과 생활용품을 서로 교환하면서 생활했다. 이 시기 다우르족은 '하라'라고 불렸다. '하라'는 같은 조상의 후예다. '하라'에서 '모쿤'이 분화되었는데, '모쿤'은 '하라'의 한 지파로 이때부터 씨족 귀족 사회가 형성되기 시작한다.

노르하순이 여진족을 통일하면서 후금 정권을 세우게 된다. 『청태종실록(清太宗實錄)』 18권 4-4 기록에 따르면 다우르족과 어원커족, 어룬춘족은 모두 후금 정부의 지배를 받았다.

청나라 강희황제 시기에 다우르족은 청나라와 연합하여 러시아의 침략에 대항하여 싸운다. 이 전쟁 이후 헤이룽강 지역은 평화를 되찾았다. 청나라 정부는 다우르 민족마을을 남쪽으로 이주시켜 넌강 유역에서 거주하게 했다. 그리고 다우르족과 하라, 모쿤 등을 군사적 수요에 따라 기, 좌에 편입시켜 통솔했다. 이는 다우르족이 봉건사회로 진입하는 과정을 단축시켰다. 1840년 아편전쟁 이후 중국은 반식민지 · 반봉건 사회로 진입한다. 다우르족도 일본의 식민 지배에서 자유롭지 못했다. 청나라 말 이민개항정책에 의해 많은 다우르족은 토지를 빼앗겼고 일부는 소작농으로 전락했다. 1931년 일본이 중국의 동북지역을 침략하자 다우르족도 외적에 대항하여 항일전쟁에 적극적으로 참전했다. 그들은 항일군대에 식량을 제공하고, 부상자를 간호하고, 항일연합군이 넌강을 건너는 것을 도왔다. 1945년 항일전쟁 승리 이후 1947년 5월 1일 네이멍구 자치구가 성립되고 민족평등이 실현되었다.

2 의식주와 생활문화

1) 복장

다우르족은 북방의 추운 지역에서 살았고, 생활환경이 열악했기에 동물의 가죽을 사용하여 옷을 지어 입었다. 청나라 시기 정부에서는 비단과 면 같은 천을 제공하기도 했다. 상품경제가 발달하면서 다우르족도 점차 천으로

[그림 4-2] 다우르족 여성 복장과 남성 복장(출처: 郭跃)

된 옷을 입었다. 하지만 가죽으로 만든 옷이 튼튼하고 추위를 막아주기에 가죽옷은 여전히 다우르족 의상의 특징으로 자리매김한다. 오늘날 삼림지역에 거주하는 다우르족은 사냥을 나가거나 추운 겨울에는 가죽옷을 입는다.

가죽옷 재질로는 대부분 사슴가죽을 사용하며 그중 외투가 특징적이다. 늦가을 그리고 초겨울에 잡은 사슴가죽으로 만들어 입는 옷은 '부춘치더리'라고 부르고, 한겨울에 잡은 사슴가죽으로 지은 옷은 '왕라르스더리'라고 부른다. 특징은 두껍고 털이 촘촘하다. 사슴가죽 외투는 남자들이 많이 입는 편이다. 길이는 무릎 아래까지 내려오고 양옆은 트여 있다. 앞에는 천이나 구리로 만든 단추를 단다. 천을 대지 않고 안쪽에 털이 있어 따뜻하고 가벼워서 겨울철 사냥에서 추위를 막아준다. 남자들은 여름에는 면으로 된 옷을 입고 긴 외투를 걸친다. 흰 천으로 머리를 감싸고 짚으로 된 모자를 쓰며, 겨울에는 가죽 모자를 쓴다. 여자들은 긴 옷을 입고 허리를 묶지 않는다. 겨울에는 가죽신 지카미를 신는다. 여성들은 남색 옷을 즐겨 입는 편이고 여름에는 흰 양말, 꽃신을 신는다.

2) 음식

다우르족의 주식은 밥(바다), 난(우투모), 죽(싱은바다)이다. 식사 때마다 고기와 채소가 빠지지 않는다. 그 외에 쌀과 밀가루 음식도 많이 먹는다. 헤이룽강 북쪽에 거주할 때는 짐승을 사냥하여 고기를 주식으로 했다. 넌강 유역으로 이주하면서 식단에서 육류가 줄어들고 채소가 많아졌다. 쌀이 주식으로 바뀌었으며, 식탁에 오르는 음식의 종류가 다양해졌다.

또한 귀리와 사슴고기, 우유 등을 섞어 죽을 만들어 먹는다. 이는 다우르족 어르신들이 가장 즐겨 먹는 음식이다. 볶은 귀리는 '하거'라고 부르는데, 귀리를 볶은 다음 가루로 빻아서 먹는다. 볶은 귀리가루와 설탕, 버터, 우유를 섞어서 음식을 하여 말리면 휴대가 간편하고 포만감이 있어 사냥을 가거나 밭일을 할 때 많이 먹는다. 조쌀로 만든 떡은 다우르족의 전통적인 민족음식이다. 먼저 조쌀을 볶아 갈아서 말린 다음 가루를 반죽하여 빚어서 밥을 짓는다. 동글동글하고 황금색 모양의 밥이 특징적이다. 또한 소, 양, 사슴 등 짐승고기를 말려서 육포를 만든다.

다우르족은 특유의 술 문화가 있다. 그들은 일찍이 술을 빚는 기술을 터득했다. 요나라 시기에는 우유로 술을 빚어 음용했다. 또 직접 농사지은 밀, 귀리, 메밀, 조쌀로 술을 빚었다. 제사, 명절, 혼례 등 행사 때마다 술을 마신다.

다우르족은 우유를 '수'라고 부른다. 생우유를 익히지 않고 그대로 마시거나 밥을 말아 먹는다. 생나이피는 우유로 만드는 또 다른 음식인데, 우유를 하룻밤 그늘진 곳에 두었다가 위에 뜨는 덩어리를 건져 항아리에 담아 만든다.

거다나이

우유를 따뜻한 항아리에 담아 발효시킨 음식이다. 발효된 우유를 숟가락으로 으깨면 거다나이가 된다. 이는 다우르족이 가장 즐겨 마시는 음료이기도 하다. 요플레와 비슷하며, 신맛과 진한 우유향이 특징이다.

요구르트

요구르트 역시 다우르족이 즐겨 마시는 음료다. 농사, 방목, 사냥, 물고기 잡으러 갈 때 요구르트를 꼭 챙긴다.

3) 주거

다우르족 마을은 산자락이나 물가, 땅이 비옥한 지역에 자리 잡고 있다. 집도 질서정연하게 배열되어 있어서 우아한 느낌을 준다. 집집마다 버드나무 가지로 울타리를 장식하여 꽃모양으로 만든다. 마구간과 우사는 마당에서 조금 멀리 떨어진 곳에 짓고, 마당은 정결하게 가꾼다. 마을 북쪽은 산을

[그림 4-3] 다우르족의 물고기 잡는 모습과 도구(출처: 중국동북민족민속박물관, 김영순)

등지고 있어서 북방의 차가운 기류를 막아준다. 주거지가 산과 가까이 있어서 사냥에 유리하고, 벌목과 땔감을 구하기 편하다. 또한, 물가여서 농사, 물고기 잡이에도 편하다.

다우르족 조상들은 지혜롭게도 집을 지을 때 높은 지역에 지어서 수재를 피한다. 민족들 사이에는 "다우르족이 사는 마을은 수재를 입지 않는다"라는 말이 있다.

다우르족의 전통가옥은 '아회거르' 형식인데, 이는 위로 상승형 모양을 띤다. 토목구조의 초가집으로 대부분 방이 2개다. 방이 3개, 5개 있는 집은 많지 않다. 다우르족은 주방을 분리하여 사용한다. 따라서 방이 2개이면 서쪽 방은 거실이고, 동쪽은 주방이다. 방이 3개이면 가운데 방이 주방이고, 동서 양쪽에 사람이 기거한다. 실내에는 3면을 두른 온돌마루가 있다. 부뚜막, 굴뚝이 온돌마루 밑 통로로 연결되어 있어 겨울철 난방시설로 이용한다. 다우르족의 전통가옥은 별도의 난방시설이 없고, 온돌마루를 이용한다. 따뜻한 온돌바닥은 겨울철에 잠을 잘 때 몸을 덥혀주고, 피로를 풀어준다.

다우르족은 북쪽 벽에 바닥식 화로를 만든다. 이 화로를 이용하여 양곡을 건조시켜 보관한다. 다우르족의 초가집은 편하고 튼튼하다. 남향이어서 햇빛도 잘 들어 겨울에는 따뜻하고 여름에는 시원하다. 창문이 많은 것이 특징이기도 하다. 초가집은 방 2개로 나누어져 있고, 서쪽으로 3개의 창문이 나 있으며, 남쪽으로 2개의 창문이 있다. 동쪽 방 양쪽에 창문이 하나씩 있어서 모두 7개의 창문이 있다. 방이 3개일 경우 11개의 창문이 있다. 창문이 많아 햇빛이 잘 들고 공기 순환이 잘 된다. 천장과 벽에는 닭, 봉황, 메추리 등의 그림과 사냥하는 그림들이 붙어 있고, 종이 그림 장식도 있다. 일부 가정은 장식으로 동물의 가죽이나 새의 깃털을 걸어놓는다.

다우르족은 중화인민공화국 수립 후 다른 민족들과 함께 나라의 주인이 되었다. 정치적 지위가 상승함에 따라 다우르족의 생활환경에도 많은 변화가 생겼다. 전통적인 풍습들도 많이 바뀌었다. 넓고 밝은 유리창이 예전의 종이와 나무막대로 만든 창문을 대신했고, 가죽, 인조가죽, 섬유 등이 다우르족의 대나무 돗자리를 대체했다. TV, 냉장고, 세탁기들이 가정으로 들어오면서 전통적인 초가집은 대부분 없어졌다. 지금의 다우르족 마을에는 기와집 아파트가 들어서서 그들의 주요 주거 형태로 변화했다.

[그림 4-4] 다우르족 전통가옥 모형(출처: 郭跃)

3 명절과 일상의례

1) 명절

아네절(阿涅節)

다우르족은 설 명절을 '아네절'이라고 부르며, 1년 중 가장 큰 명절이다. 명절날에는 화려한 옷을 입고 집집마다 다니면서 세배를 한다. 여자들은 서로 선물을 주고받는다. 새해를 맞이하기 전에 가정마다 명절맞이 준비를 위해 돼지를 잡고, 떡을 빚는다. 그믐날에는 여러 가지 물건을 모아서 쌓고, 밤이 되면 거기에 불을 지펴 모닥불을 만든다. 노인들은 고기와 만두를 불속에 던져 넣으면서 복을 빈다. 보통 그믐날 모여 앉아 온 가족이 먹을 만두를 빚는데, 어떤 만두 속에는 흰 실을 넣는다. 흰 실은 장수의 상징으로 실이 들어 있는 만두를 먹은 사람은 200살까지 살 수 있다고 축복한다. 일

[그림 4-5] 불놀이 축제(출처: 郭跃)

부는 만두 속에 동전을 넣기도 하는데, 그 만두를 먹는 사람이 앞으로 부자가 되라는 의미도 있다. 정월초하루날에는 집집마다 다니면서 세배를 한다. 세배하는 사람들은 이웃집에 들어가면 그 집의 솥뚜껑을 열고 새해 떡을 빼앗아 먹는데, 이는 서로 허물없는 사이임을 나타낸다. 그리고 다 같이 돼지고기, 서우바러우(手把肉)를 먹는다. 여자들은 서로 선물을 주고받는다. 선물로는 담배, 나이피, 케이크, 고기 등이 있다. 이러한 명절 분위기는 정월대보름까지 이어진다.

모헤이절(抹黑節)

다우르족은 설날, 청명절, 단오절, 그리고 추석명절 등을 지내는데, 그 외에 그들이 가장 좋아하는 명절은 '모헤이절'이다. 모헤이절은 '막회절', '흑회절', '흑회일', '마화미자'라고도 부른다. 다우르족, 어룬춘족, 어원커족, 서백족도 막흑절을 지낸다. 모헤이절은 음력 1월 16일로, 음력 1월 15일을 1년의 마무리라고 생각하고 새로운 한 해는 1월 16일에 시작된다고 생각한다. 정월 16일 새벽에 닭이 첫 울음을 울면 할머니들은 가마 밑 숯검정을 긁어 잠든 손주들의 머리에 바르며 1년 동안 액운을 피해가기를 기원한다. 어르신들은 가족의 얼굴 또는 머리에 숯검정 칠을 한 다음 다른 사람들에게도 칠한다. 이날은 집집마다 문을 잠그지 않고, 누구든지 들어와도 된다. 이날 늦게 일어난 사람은 잠자리에서 얼굴에 검정 칠을 당하기 쉽다.

부통절(步通節)

다우르족은 그믐날을 '부통'이라고 하며, '완성'의 뜻을 가진다고 생각한다. 이날은 1년 동안의 일을 마무리하며 함께 축하하는 날이다. 다우르족은 그믐날 아침부터 청소를 하고, 문과 벽에 여러 가지 그림이나 춘련을 붙인다.

[그림 4-6] 화구놀이(출처: 중국동북민족민속박물관, 김영순)

몇십 년 전만 해도 춘련을 모두 만주어로 썼지만 지금은 한자로 쓴다. '복(福)'과 '수(壽)'는 빠질 수 없는 글자다. 그들은 이러한 글자를 주방 위 찬장에 붙인다. 방문과 창고 문에는 문신(門神)을 붙인다. 문 밖에는 건초와 말린 소똥을 쌓아놓고 밤이 되면 거기에 불을 지핀다. 다우르족은 불을 지피는 행사로 가족의 장수를 빌고, 올해의 행운이 내년에도 이어지기를 기원한다. 가족 중 연장자는 모닥불 주위를 돌면서 가족의 말, 소, 돼지, 개, 닭을 지켜주기를 기원하며 불속에 고깃덩어리와 떡, 만두를 던진다. 음식이 타는 냄새가 진동하며 정월 5일까지 모닥불이 꺼지지 않게 피운다.

불은 인간에게 중요한 상징적 의미를 지닌다. 인간은 불을 발견하면서 문명으로 한발 더 나아간다. 불은 빛, 따뜻함으로 어둠과 추위를 물리치기에 사람들의 숭배를 받는다. 따라서 명절날 불로 진행하는 다우르족의 의식 역시 이러한 인간의 소망을 담은 것이라고 할 수 있다.

아오치바이절(沃其拜節)

음력 6월 8일, 신장 다우르 지역 특유의 명절이다. 이 명절은 제사의례 중한 행사다. 다우르족은 이 명절을 '아오치바이'라고 부른다. 다우르족과 몽골족은 모두 아오바오에 제사를 지내는 풍습이 있다. 몽골족의 아오바오절은 오늘날 나다무절로 변화했지만, 다우르족은 여전히 아오바오 제사활동을 보존하여 그들만의 전통명절로 발전시켰다.

쿤미러절(昆米勒節)

쿤미러절은 다우르족어로 '버드나무를 꺾다', '쑥을 채집하다' 등의 뜻을 지닌다. 음력 5월 중순경이며, 명절날이 되면 남녀가 짝을 지어 화려한 민족복장을 차려입는다. 부녀자들은 머리에 수건이나 스카프를 두르고, 허리에는 꽃무늬 앞치마를 두른다. 버드나무 가지를 엮어서 만든 바구니를 들고 삼삼오오 수레차를 따라 초원이나 강가로 나들이를 간다. 그들은 버드나무 가지를 꺾고 쑥을 캐면서 노래를 부른다. 다우르족은 집단 문화를 중요시하고, 자부심이 강한 민족이다. 같은 마을 사람들이 만나면 서로 양보하고, 만약 질서를 지키지 않는 사람이 있으면 주변 사람들로부터 비난과 질책을 받는다.

2) 일상의례

(1) 혼례

다우르족은 혼인을 중요시하기에 전통적인 결혼 풍습이 복잡하고 독특하다. 오래전부터 일부일처제를 실시했고, 족외혼에 대해 엄격하게 단속했다. 다우르족은 혼인할 때 상대방의 가문을 보는데, 서로 가정환경과 지위가 비슷한 사람과 중매결혼을 한다. 따라서 양가 부모의 관계가 굉장히 중요하다. 다우르족의 과거 풍습에 따르면 다른 민족과의 결혼을 허락하지 않는다. 특히 여자는 다른 민족과 결혼을 금했다. 따라서 그들은 오랜 세월 동안 민족 내 혼인을 유지했다. 하지만 어룬춘족, 몽골족, 만주족, 한족 등과 교류가 많아지면서 다른 민족과의 혼인도 허용되었다. 친척 간 결혼에서도 위계가 엄격하여 같은 세대에서만 결혼이 허락된다. 다우르족은 혼인 후 남자가 처가살이하는 경우가 많다. 남자가 처가로 들어가도 자녀는 아버지 성을 따르지만, 사위는 장인 집에서 노동력만 제공하고 재산을 물려받지는 못한다.

다우르족의 결혼식은 성대하다. 중매로 여자를 소개받고 약혼을 하기까지 남자는 여자 집에 2회 정도 가서 의례를 치러야 한다. 첫 번째는 대례다. 남자 측의 연장자가 신랑을 데리고 예물을 들고 여자 집으로 간다. 이때 여자 측은 대문을 걸어 잠그고 문 밖에 성격이 까칠한 연장자 한 분이 신랑을 가로막고 서서 여러 가지 질문을 한다. 신랑과 일행은 그의 모든 질문에 통과해야 집에 들어갈 수 있다. 그날 밤 양가는 연회석을 차린다. 이때 여자는 숨어 있어야 하며 정혼남과 만날 수 없다. 두 번째는 결혼 한 달 전 결혼식 날짜를 잡는 날이다. '소례'라고 부르는데, 이때 예비 시아버지가 여자에게 또 한 번의 선물을 보낸다. 대례 선물로는 옷, 예물이 있다. 이때 약혼녀와 약혼남은 만날 수 있고 함께 '라리'와 칼국수를 먹는다. 이때는 장인이 며느릿감을 불러내어 아들과 함께 밥을 먹는다. 옛적에 다우르족은 가부장적 혼인관의 영향으로 남녀의 혼인은 부모가 주관했다. 결혼식 날 신랑은 말을 타고, 신부는 그 말이 끄는 마차를 탄다. 신부 측 동생들이 함께 그 마차에 타기도 한다. 결혼식 음식상은 풍성하며, 신부를 맞이하는 날에는 길거리에서 만나는 모든 사람에게 술과 고기 등 음식을 나누어준다.

(2) 장례

다우르족의 장례 방식은 매장이다. 마을 사람이 죽으면 수의를 입히고, 제사용품을 준비한다. 가까운 친지와 친구들이 모여 장례식을 거행하며, 시신은 사흘 뒤 관에 넣어 묘지에 매장한다. 마을마다 가족공동묘지가 있으며 가족이 죽으면 연배 순서에 따라 북쪽에서 남쪽 순서로 매장한다. 순장품은 죽은 사람이 생전에 사용하던 물건, 장식품, 담뱃대, 가마, 숟가락, 젓가락, 그릇, 칼 등을 함께 넣어둔다. 또한, 장례식에서 말을 잡아 제사를 지내는 풍습도 있다. 다우르족은 중화인민공화국 건국 후 정부의 정책에 따라 말을 잡아 제사지내는 풍습을 폐기하고 새로운 장례문화를 도입했다.

5장

조선족 이야기

1 기원 및 성립과정

조선족 또한 여러 민족이 융합하여 형성된 민족이다. 민족의 시작은 원시시대 퉁구스 부락이 한반도로 남하한 것을 시초로 볼 수 있다. 그 이후 서주시대 초 기자(箕子)가 상나라 유민을 이끌고 동쪽으로 이주했고, 진왕조시대 산둥반도의 유·이민이 건국한 진한, 변한과 반도 남부의 마한이 병합되고 거기에 고구려, 거란, 여진 등의 민족들이 추가되어 오늘날의 조선족이 되었다.

1) 종족 기원신화

중국에서는 백두산을 '창바이산'이라고 부르는데, 북한 함경도 경선군에 위치한 관모봉(冠帽峰)도 한때 '창바이산'이라고 불렸다. 조선왕조 건립 초기 백두산은 구역 외 산으로 간주되었으며, 조선 후기 영조 때부터 민족의 성산으로 여겨졌다. 조선족 사회에서 전해지는 단군신화에 따르면 민족의 시조는 단군이며, 그의 아버지 환웅은 천제 환인의 서자다. 환웅은 부하들을 거느리고 태백산(지금의 백두산)에 신시(神市)를 열고 인간세상을 다스리고 교화했다. 어느 날 동굴에 살고 있던 곰 한 마리와 호랑이 한 마리가 사람이 되기를 원하여 환웅에게 간청하자 환웅은 쑥과 마늘을 주며 동굴에서 100일 동안 햇빛을 보지 않고 수도하면 사람이 될 수 있다고 했다. 호랑이는 참지 못해 뛰쳐나오고 참을성 많은 곰만이 견디어 사람이 되었다. 사람이 된 웅녀(熊女)는 환웅과 혼인하여 아들을 낳고 '단군왕검'이라 이름 지었다. 단군은 평양에 도읍하여 국호를 '조선(朝鮮)'이라 했다[현재는 이를 이성계가 세운 조선과 구분하기 위해 '고조선(古朝鮮)'이라고 부른다].

2) 민족의 탄생과 발전

조선족의 선조는 한반도에서 중국 랴오닝(遼寧), 지린(吉林), 헤이룽장(黑龍江)의 동북 3성 일대로 이주한 조선인이며 그중 일부는 명나라 말 청나라 초에 동북 경내에 정착했다. 19세기 중엽부터 많은 조선인이 이주했고, 특히 1869년 조선 북부에 대흉년이 들면서 많은 조선인이 연변 등지로 몰려들었다. 이렇게 중국으로 이주한 조선인을 주축으로 '조선족'이라는 민족이 형성되었다.

통계에 의하면 1870년대 야루강 북부 일대에 이미 28개의 조선족 집거지가 있었다고 한다. 청나라 광서 7년(1881) 옌볜에 거주하는 조선족 수가 1만 명을 넘었으며, 1883년 지안(集安), 린장(臨江), 신빈(新賓) 등의 조선족 수가 3만 7천 명을 넘었다. 같은 시기 우수리강 연안에도 적지 않은 조선족 농가들이 생겼다.

19세기 말 청나라 정부는 조선인의 월경(越境)을 막는 '봉금(封禁)정책'을 폐지하고 이민과 개간을 장려하는 정책을 펼쳤다. 1881년에는 지린에 황무국(荒務局)과 간무국(墾務局)을 설치했고, 난강(南崗)[훈춘(琿春)], 옌지(延吉), 둥거우(東溝) 등지에 초간국(招墾局)을 설치하여 조선인의 이주를 장려하고 이주민들을 중국의 백성으로 받아들였다.

1885년 청나라 정부는 떠우만강 이북의 길이 700리, 너비 50리에 달하는 지역을 조선인 전문 개간지역으로 지정했고, 이에 동북지역에 정착하는 조선인 수가 급격하게 증가했다.

1910년 일제의 조선 침략 이후 제국주의의 수탈과 핍박을 견디지 못한 백성과 애국지사들이 중국 동북지역으로 건너갔으며, 1918년에는 그 수가 36만 명에 달했다.

1982년 중국의 전국 인구조사 결과에 따르면, 조선족의 선조 중 일부는 명나라 말 청나라 초에 이미 동북 경내에 살고 있던 것으로 드러났다. 그 예로 랴오닝성 가이현(蓋縣) 박가촌의 이민 역사는 300년이 넘는다.

2 의식주와 생활문화

1) 복장

조선족의 전통복장인 한복의 가장 큰 특징은 깃을 비스듬히 겹쳐 여미는 것으로, 단추가 없고 고름으로 매듭을 짓는다. 남녀의 구별이 있으며 기본적으로 남자는 바지, 여자는 치마를 입는다. 남자의 복장은 저고리와 통이 넓은 바지를 기본으로 하며, 저고리 위에 배자(조끼), 두루마기나 도포를 덧입는다. 도포는 조선 시대 사대부나 일반 선비들이 즐겨 입던 겉옷으로, 이후 남자들이 출가할 때 입는 예복이 되었다. 두루마기는 상민들이 입던 외투로 홑단두루마기, 겹두루마기, 솜두루마기 등의 종류가 있다. 바지는

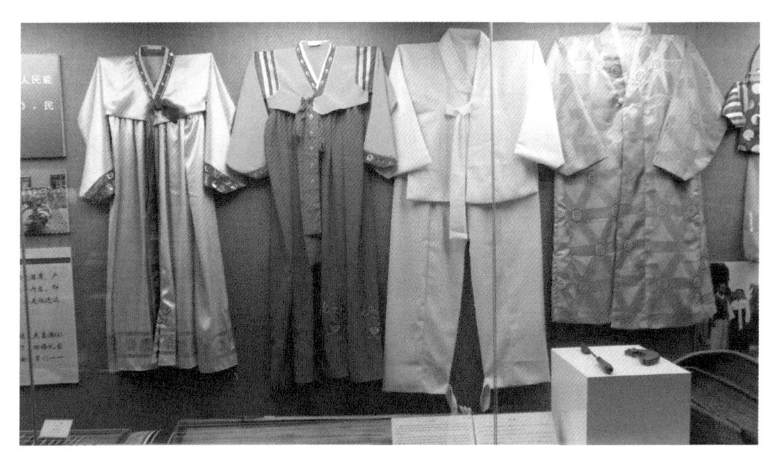

[그림 5-1] 조선족 복장(출처: 중국동북민족민속박물관, 김영순)

[그림 5-2] 전통가옥에서 할아버지가 화투를 치는 모형(출처: 중국동북민족민속박물관, 김영순)

가랑이와 통이 넓은데 바짓부리에 대님을 매 발목을 묶음으로써 가부좌를 틀고 앉을 때 편하도록 했다. 모양에 따라 스란치마, 대란치마, 통치마, 풀치마, 만드는 방법에 따라 홑치마, 겹치마, 누비치마 등으로 나뉜다.

여자의 복장은 저고리와 치마를 기본으로 한다. 저고리는 가슴을 겨우 가리는 정도의 길이로, 고름을 오른쪽으로 여며 반리본 모양으로 묶는다. 치마는 주름치마가 많고 길이는 발뒤꿈치까지 온다. 허리부터 치맛자락까지 잔주름이 잡혀 있어 넉넉하면서도 우아한 멋을 풍긴다. 여성의 한복은 대부분 명주로 만들어 산뜻하고 아름다운 느낌을 자아낸다.

젊은 여성들은 짧은 통치마를 즐겨 입고 나이든 여성들은 긴치마를 즐겨 입으며, 겨울이 되면 중년 여성들은 저고리 위에 면(가죽)배자를 입기도 한다.

조선족 전통복장의 현재 모습은 조선 시대 한복의 양식을 기반으로 생활 속에서 변화와 발전을 거쳐 정착된 것으로 조선 시대 한민족 복장의 특징을 잘 보여준다. 과거 조선은 사회 · 문화 · 민속 등에서 중국 중원문화의 영향을 많이 받았으며 복장에서도 중국 수당 시대의 것을 많이 참고했다. 그렇기 때문에 한복에 대한 연구는 당시 조선 시대, 중국 수당 시대의 생활방식 및 문화를 연구하는 데도 중요하게 참고할 자치를 지닌다.

2) 음식

조선족은 북방에 살며 벼농사를 주로 했는데, 이러한 생활환경이 식생활 문화에 특히 많은 영향을 주었다. 전통음식은 곡물과 채소가 주를 이루며 반찬은 매콤한 것이 많다. 일반적으로 밥을 주식으로 하고 국과 다양한 풍미의 반찬을 곁들여 먹는다. 예부터 주로 채식을 하고 기름진 음식을 좋아하지 않았다. 매콤하고 시원하고 담백한 것이 조선족 전통음식의 가장 큰 특징이다.

조선족의 반찬은 매우 특색 있는데, 주로 절이고 버무리는 방식으로 만든다. (소금에 절여 저장해두고 먹는) 염장(鹽藏) 반찬이 가장 유명한데, 이는 조선족 밥상에 없어서는 안 될 중요한 음식이다. 조선족은 염장 반찬을 매우 중요시해 집집마다 크고 작은 장독대를 가지고 있었다. 배추, 무, 호박, 가지, 양배추 등을 주로 절여 먹으며 그중 김치가 가장 유명하다.

떡은 조선족이 가장 좋아하는 전통식품 중 하나다. 떡의 역사는 매우 긴데, 18세기 조선족 관련 문헌 기록에 따르면 당시 떡은 '인절병'이라고 불렸다. 오늘날에도 명절을 보낼 때나 집안에 경조사가 있을 때 친지들에게 떡을 대접한다.

조선족은 일반적으로 개고기를 좋아하는데, 그중 보신탕은 매우 특색 있는 음식이다. 보신탕은 체력을 보강하고 더위를 물리치는 등 효능이 많아 "삼복에 먹는 보신탕은 인삼과 녹용보다 좋다"라는 말도 있으며, 이 때문에 '보신탕(補身湯)'이라고 불린다. 현재는 계절에 관계없이 보신탕을 먹는데, 다만 설을 보낼 때, 혼·상사를 치를 때, 이사할 때는 개고기를 먹지 않는다.

냉면은 조선족의 전통음식 중 하나로, 무더운 여름뿐 아니라 엄동설한에도 아랫목에 모여앉아 즐겨 먹는다. 매년 음력 정월 초사흗날 점심 때 온 가족이 모여 냉면을 먹는 풍습이 있는데, 이날 면을 먹으면 100세까지 장수한다고 하여 '장수면'이라고도 부른다.

3) 주거

조선족의 전통가옥은 매우 특색이 있다. 일반적으로 산 근처 평야에 집을 짓는데, 해를 정면으로 바라보고 산을 의지하여 물에 인접한 가옥의 모습은 자연과 조화를 이루어 소박하고 단아한 멋을 자아낸다. 토목 구조방식에 여러 가지 자연재료로 마감하며 초가집, 기와집이 대부분이다. 지붕의 사면이 곡선을 이루며 방이 많고 부엌, 외양간, 방앗간 등을 제외한 방들은 모두 응접실이다. 문과 창문의 구별이 없으며 실내와 실외, 방과 방 사이가 미닫이문으로 분리되어 있어서 열면 문이 되고 닫으면 창문이나 칸막이가 된다. 그래서 전체적으로 시원하고 통풍이 잘되며 출입이 편리하다.

조선족 전통가옥의 가장 큰 특징 중 하나는 온돌로 난방을 한다는 것이다. 부엌 아궁이에 불을 때면 화기가 방 밑을 지나 돌을 덥혀 방바닥 전체의 온도를 높이고 연기는 굴뚝을 통해 집 밖으로 나간다. 온돌은 중국 동북지역의 겨울이 춥고 여름이 시원한 기후와 조선족의 전통 생활방식에 매우 적합하다. 과거 조선족은 의자나 침대를 사용하지 않았으며 낮은

[그림 5-3] 조선족 전통가옥(출처: 중국동북민족민속박물관, 김영순)

좌탁을 사용하고 사용하지 않을 때는 접어두었다. 잠을 잘 때나 밥을 먹을 때, 그 외의 활동을 하는 동안 온돌이 몸을 따뜻하게 해주었다.

현재 도시에서는 조선족 전통가옥을 찾아보기 어렵고, 농촌지역의 가옥들도 내부가 많이 변했다. 그러나 농촌과 도시의 일부 가정집들은 아직까지 온돌을 사용하고 있다.

조선족은 예부터 이웃사촌과 상부상조하며 화목하게 지내는 것을 중시했다. 마을에서 누군가 집을 짓는다고 하면 집집마다 나와서 도와주었으며, 이러한 노동은 대가를 바라는 것이 아닌 당연한 일로 여겨졌다. 주인집은 맛있는 요리와 좋은 술로 이웃들에게 고마움을 표시했다.

3 명절과 일상의례

1) 명절

조선족의 명절은 대체로 중국 한족과 비슷하며, 예부터 예절과 의식을 중시하며 24절기를 매우 중요하게 생각했다.

설날

예부터 가무를 즐겼던 조선족의 세시풍속은 풍부하고 다채롭다. 섣달그믐날에는 온가족이 함께 밤을 새는데, 가야금과 퉁소의 아름다운 선율은 사람들로 하여금 무릉도원에 다다르게 한다. 정월대보름날 저녁에는 전통 행사가 열리는데, 노인들이 나뭇가지로 만든 '망월대'에 올라가 자손들의 건강과 안녕을 기원한다. 망월대에서 달을 먼저 본 어르신 가정에 행운이 깃든다고 여긴다. 밤이 깊어지면 젊은이들은 망월대를 태우고 장구, 퉁소, 태평소 소리에 맞춰 춤을 추며 그 주위를 맴돈다.

[그림 5-4] 설날의 떡치는 모습(출처: 郭跃)

정월대보름(上元)

조선족의 전통 세시명절로 매년 음력 정월 15일이며, 명절 기간은 하루다. 이날은 조상의 묘에 찾아가 등을 띄우고 사당 안에서 등을 태운 후 마당에는 천등을, 마당문 양옆에는 벽등을 건다. 그리고 강에 등선(燈船)을 띄운다. 또한 약밥과 오곡밥을 먹고 귀밝이술을 마신다. 약밥은 찹쌀을 찐 뒤 꿀, 대추, 잣 등을 넣어 다시 찐 밥인데, 재료가 비싸고 만들기가 어려워 대부분 쌀, 좁쌀, 기장, 찹쌀, 검은콩 등의 곡식으로 지은 오곡밥으로 대신해 그해 곡식농사가 잘되기를 기원한다.

정월대보름에 하는 민속놀이는 매우 다양한데 과거에는 횃불놀이, 수레싸움놀이, 줄다리기 등의 놀이도 있었다고 한다. 횃불놀이는 누구의 횃불이 더 밝고 오래 가는지를 겨루는 놀이이고, 수레싸움놀이는 누구의 소달구지가 튼튼한가를 겨루는 놀이다. 마을 사람 모두 이런 민속놀이를 즐기는데, 관객은 북을 치며 응원하고 승리자는 노래하고 춤추며 승리를 만끽한다.

저녁이 되면 모두 횃불을 들고 동쪽 산에 올라 영월(迎月, 달맞이)을 하는데, 그해 복이 있는 사람은 막 떠오른 둥근 달을 볼 수 있다. 영월 후 달빛 아래에서 다리[橋]를 밟는데, 이는 인공물인 '다리[橋]'를 신체의 일부인 '다리[脚]'로 밟는 행위를 통해 다리가 튼실해진다는 인식을 기반으로 한다. 다리를 밟을 때 사람마다 몇 번에서 수십 번까지 왔다 갔다 하는데, 그 횟수가 자신의 나이와 같아야 액을 쫓고 복을 기원할 수 있다.

유두(流頭)

음력 6월 15일로, 일가친지들이 모여 머리를 감고 목욕을 하는 날이다. 이날은 길일로 여겨진다. 유둣날이 되면 이른 아침 남녀노소 모두 강가에 가서 머리를 감고 목욕을 하는데, 동쪽으로 흐르는 물에 머리를 감음으로써 좋지 못한 기운을 제거한다. 저녁이 되면 온 가족이 집에서 유두잔치[流頭宴]를 열어 노래를 부르고 풍성한 만찬을 즐긴다.

육일절

6월 1일 국제어린이날로, 옌볜에서는 이미 새로운 민족 명절로 자리 잡았다. 옌볜에서는 육일절 활동을 어린이를 사랑하고 보호하는 중요한 활동으로 여긴다. 이날은 모두 명절차림을 하고 공원에 모여 다양한 축제 행사를 하며 가족들과 함께 즐겁게 지낸다.

2) 일상의례

(1) 돌잔치

돌잔치는 아기의 첫 생일을 축하하는 의식으로, 아이가 생후 1년을 무사히 넘긴 것을 축하하고 앞으로 무병장수하기를 기원하는 의미해서 행해지는 가장 대표적인 출생의례다(리화 외, 2018).

아이의 돌잔치 날이 되면 부모는 아이에게 고급 한복(돌복)을 입히는데, 남자아이의 경우 색동저고리 혹은 연분홍 저고리에 풍차바지, 남색 조끼와 초록색 마고자(저고리 위에 덧입는 웃옷)를 입히고 머리에 복건(두건의 일종)을 씌워준다. 여자아이는 색동저고리에 분홍치마를 입히고 머리에 남바위(이마, 귀, 목덜미를 덮는 방한모)를 씌워준다. 그리고 남녀를 막론하고 허리에 돌띠, 돌주머니와 노리개를 채워준다. 또한 부모도 아이의 돌복과 세트로 한복을 맞춰 입고 예쁘게 화장한다(리화 외, 2018).

돌상에는 백설기, 송편, 붉은 팥고물을 묻힌 수수경단, 대추와 각종 과일을 차린다. 백설기는 신성함과 정결함을 뜻하고, 송편은 그 모양처럼 배

부르게 식복이 있으라는 뜻이며, 수수경단은 붉은색으로 액을 물리친다는 의미를 가지고 있다. 또한 상에 쌀, 붓, 활, 돈, 실 등 상징적인 의미를 가진 물건들을 올려놓는데, 손님들이 모두 도착하면 아이를 상 앞에 앉혀 다양한 물건 중 하나를 집게 한다. 아이가 물건을 집으면 손님들은 그 물건에 맞추어 그럴듯한 장래 직업을 곁들여 축하의 말을 건네는데, 이러한 의식을 '돌잡이'라고 하며 이는 돌잔치의 하이라이트로 여겨진다. 요즘은 붓이나 활 대신 연필, 책, 청진기, 판사봉, 마이크, 공 등을 놓기도 한다. 돌잡이 전에 외할머니가 아이의 목에 흰 태실을 걸어주는 경우도 있는데, 이는 아이가 새하얗고 기다란 실처럼 순수하고 맑게 무병장수하기를 기원하는 의미를 담고 있다.

(2) 혼례

혼례는 조선족 가정의례에서 중요한 위치를 차지한다. 조선족의 과거 전통 혼례는 한민족과 마찬가지로 절차가 복잡하고 격식이 엄격했는데, 주육례(周六禮)에 뿌리를 둔 납채(納采), 문명(問名), 납길(納吉), 납징(納徵), 청기(請期), 친영(親迎)의 육례(六禮)와 주자사례(周子四禮)에 뿌리를 둔 의혼(議婚), 납채, 납폐(納幣), 친영의 사례(四禮)가 대표적이다.

사례(四禮)의 첫 번째 절차인 의혼(議婚)은 중매를 통해 상대의 조건과 의중을 알아보는 과정을 말한다. 남자 측 부모가 중매인에게 적당한 신붓감을 부탁하고, 신붓감이 정해지면 양가에서 당사자를 직접 만나거나 마을 사람들을 통해 알아보는데, 이를 '간선(看選, 선보기)'이라고 한다.

두 번째 절차인 납채는 신랑 측에서 공식적으로 혼인을 청하고 신부 측에서 허혼을 하는 의례로, 청혼서와 사주(四柱)단자, 허혼서와 연길(涓吉: 혼인을 위해 좋은 날을 고르는 일)단자 등을 주고받는 과정이다. 여자 집에서 신랑과 신부의 사주궁합을 보는데, 사주란 생년월일시 혹은 이를 간지(干支)로 계산하여 길흉화복을 점치는 것이며, 궁합이란 당사자의 사주(四柱)를 오행(五行)에 맞추어보는 것으로 남녀 속성의 상생(相生)과 상극(相剋)을 따지는 것을 말한다. 이는 단순히 마음이 맞고 안 맞고를 따지는 것이 아니라 두 사람의 간지를 계산하여 서로 맞는지 맞지 않는지를 꼼꼼히 따져보는 것이다. 두 사람의 사주궁합이 잘 맞지 않으면 혼사를 치를 수 없게 된다. 만약 두 사람의 사주궁합이 잘 맞는다면 여자 집에서 남자 집으로 중매인을 보내 두 사람의 사주궁합이 잘 맞음을 알린다. 남자 집은 중매인을 통해 여자 집에 혼인 날짜를 전하는데, 이를 '택일'이라고 한다(옌지). 여자 집에서는 택일단자로 길흉을 점치는데, 만약 길하면 바로 결혼을 허락한다.

세 번째 절차인 납폐는 일명 '함 들이기'로, 혼약이 성립된 뒤 혼인의 구체적인 증표로서 남자 측에서 여자 측으로 혼수와 혼서지를 보내는 것을 말한다. 함 속에 먼저 한지를 깔고 오곡주머니를 넣는다. 그리고 자손과 가문의 번창을 뜻하는 목화씨, 잡귀나 부정을 쫓는 팥, 며느리의 심성이 부드럽기를 바라는 노란 콩, 부부의 해로를 기원하고 질긴 인연을 바라는 찹쌀, 서로의 장래가 길함을 기원하는 향 등을 넣기도 하고 잡귀를 물리친다는 고추씨, 일부종사를 의미하는 차 등을 넣기도 한다. 그 위에 청홍 양단을 넣는데, 음을 상징하는 청단을 먼저 넣고 그 위에 양을 상징하는 홍단을 넣는다. 신랑 측 근친의 한 사람이 집사가 되어 혼서를 받들고, 아들을 낳고 내외를 갖춘 사람이 함진아비가 되어 함을 지고 신부 집으로 간다. 이때 신부의 어머니가 함을 여는데, 손을 함 안에 넣어 홍단을 먼저 집으면

첫아들을 낳고, 청단을 집으면 첫딸을 낳는다는 풍속이 있다.[1]

마지막 절차인 친영(親迎)은 신랑이 신부 집에 가서 예식을 올리고 신부를 맞아오는 예로 신랑 신부가 사실상 처음으로 만나는 절차다. 오늘날 조선족의 결혼식은 전통혼례 절차 중 친영만 남은 것이라고 할 수 있다. 신랑이 신부 집에 가서 기러기를 전하는 전안례(奠雁禮), 신부가 신랑을 뒤따라 신랑 집에 도착해 서로 맞절하는 교배례(交拜禮), 그리고 서로 술잔을 주고받는 합근례(合巹禮)로 이루어진다.

(3)수연례[2]

'회혼'은 해로한 부부가 혼인한 지 예순 돌이 됨을 일컫는 말로, '회근(回巹)'이라고도 하며, 회혼례는 이를 기념하여 후손들이 잔치하여 올리는 의례를 말한다. 회혼례를 치르기 위해서는 다음과 같은 세 가지 조건이 모두 충족되어야 한다. 첫째, 부부가 모두 건재해야 한다. 둘째, 친자식이 모두 살아있어야 한다. 셋째, 손주들이 요절하지 않아야 한다. 자식이나 손주 중 죽은 이가 하나라도 있으면 회혼잔치를 할 수 없다. 이렇듯 조건이 까다롭고 과거에는 수명이 길지 못하여 회혼례를 치른다는 것은 매우 영광스러운 일로 여겨졌으며, 조선족 가족 행사 중 가장 성대하게 치러졌다. 노부부가 한복을 입고 너울을 쓰는 등 혼례복장을 갖추고 서로를 부축하여 자리에 앉으면, 자손들은 장남부터 차례로 술잔을 올리고 절을 하는데 이를 '헌수'(獻壽: 장수를 비는 뜻으로 술잔을 올림)라고 한다. 이어서 하객들이 축배를 올리며 시문을 지어서 바치기도 한다. 과거에는 회갑(回甲, 환갑)·회

---

1 네이버 지식백과, 전통 혼례음식, 김덕희 외, 2007

2 사람이 태어나 60세 이후의 생일과 특별한 날에 장수를 축하하는 의미에서 벌이는 수연(壽宴)과 관련된 의례. 회혼례(回婚禮)

방(回榜: 과거에 급제한 지 60주년이 되는 해) · 회혼을 3대 수연이라 했지만, 근래에는 혼인이 늦어 회갑이 주가 되었다(네이버 한국민족문화대백과).

(4) 장례

조선족은 예부터 효를 매우 중시해왔으며 상례와 제례에서 조상숭배 관념이 잘 드러난다. 조선족은 대부분 매장[土葬]을 하며 도시에 사는 사람들은 화장(火葬)을 하기도 한다. 조선족 사회에서 부자관계는 모든 인륜관계의 기본으로, 부모가 자녀에게 자애롭고 자녀가 부모에게 효성스러우며 장남이 부모를 부양해야 함을 강조한다. 노인들은 사회적으로 존중받으며 불효하고 무례한 사람과 그러한 행동은 사회적으로 멸시당한다. 조선족은 사람이 죽으면 직계 친족이 3일 동안 세수하지 못하고 이발해서도 안 되며, 밥도 먹지 못하고 상복을 입고 있어야 한다.

조문객은 시신 앞에서 세 번 절하고 유족들과 서로 두 번씩 절한다. 시신은 반드시 홀숫날에 매장해야 한다. 입관할 때 시신에 새 옷을 입히고 낡은 옷은 태워야 한다. 3일 후 매장하는데, 매장을 진행하기 전에 풍수지리학자를 통해 좋은 묏자리를 알아보아야 한다. 대부분 산을 등진 남향받이에 머리가 산꼭대기를 향하고 발이 아래로 향하게 묻는다. 매장이 끝나면 묘소 앞에 제사상을 차리고 절한다. 이후에 3일장을 지내는데, 밥을 먹기 전에 제사상을 올린다. 3일장은 3일 연속 지내는 제로 첫째 날 제사를 '초운(初雲)', 둘째 날 제사를 '배운(拜雲)', 셋째 날 제사를 '삼운(三雲)'이라고 한다. 이후 고인의 생일, 기일, 청명절, 단오절, 추석 등 중요한 날이나 명절마다 제사를 지낸다.

6장

허저족 이야기

1 기원 및 성립과정

허저족은 중국 북방지역에서 생활하며 전통적으로 유일하게 어업, 수렵에 종사하는 민족이다. 민족언어는 알타이어 계통으로, 퉁구스어족 만어지파이며 문자는 없다. 그들은 나무를 깎고, 가죽에 흔적을 새겨서 사건을 기록했다. 허저인은 러시아 경내에도 여러 지파가 살고 있고, 러시아어로 '나나인(нанайцы)'으로 불리며, 인구는 2만 명가량 된다. 우르크족, 오로, 오덕개족도 모두 허저인에 속한다. 동북아지역에 거주하는 여진족 인구는 합치면 10만 명가량 된다.

'허저'라는 단어는 '하류', '동방'이라는 뜻을 가지고 있다. 허저인은 스스로를 '영일패', '나니와', '나나'로 부르는데 이는 '현지인'이라는 뜻이다. 또 '혁진'으로 부르기도 하는데 '동양인'이라는 뜻을 가지고 있고, '치렁'이라고도 불리는데 이는 '강가에 사는 사람'이라는 뜻을 지니고 있다. 중화인민공화국 정권 수립 후 민족명을 '허저족'으로 통일했다.

[그림 6-1] 허저족 가족(출처: https://m.sohu.com/a/127598729_534763)

1) 종족 기원신화

허저족의 기원신화에는 헤이룽강 중하류 지역 어민들의 생활문화가 깃들어 있다. 허저족 신화를 살펴보면 물고기의 후예라는 설도 있다. 민간에서는 오래된 민족 기원신화가 있다. 태초에 세상에는 천신 그리고 흙과 바다만 존재했다. 천신 언두리(신)는 흙과 바닷물을 섞어서 커다란 물고기를 만들었다. 그다음으로 작은 사람들을 만들었다. 그는 사람들을 진흙으로 빚은 다음 햇빛 아래서 말리고 있었는데 갑자기 비가 쏟아졌다. 언두리(신)는 진흙인간이 물에 녹아내릴까 걱정되어 커다란 물고기 입속에 넣어서 비를 피하게 했다. 비가 그치고 해가 나오자, 언두리는 물고기 입속에서 흙인간들을 꺼내려고 했는데, 이들은 물고기 입속에서 생명을 얻어 스스로 뛰쳐나왔다. 이렇게 최초의 인간이 탄생했고, 그들은 점점 땅에서 번성하면서 사방으로 흩어져갔다. 오늘날 사람이 매일 씻어도 몸이 더러운 것은 흙으로 만들었기 때문이고, 땀이 짠맛이 나는 것은 언두리가 사람을 만들 때 바닷물을 섞어서 만들었기 때문이다. 이 사람 중 일부는 동북지역의 삼강유역(헤이룽강, 쑹화강, 우수리강)에서 어업에 종사하면서 오늘날 허저족의 조상이 되었고, 일부는 다싱안링 산속으로 들어가 사냥을 하면서 어룬춘족의 조상이 되었다. 또 일부는 중원으로 이주하여 농사를 지으며 생활하게 되면서 한족의 조상이 되기도 했다.

허저족의 민족 탄생 신화를 통해 그들의 민족 기원에 대한 이야기가 '여와(신)의 사람 만들기'라는 한족의 신화와 비슷한 맥락을 가지고 있음을 알 수 있다. 또한, 허저족이 자신들은 동북지역 민족들의 조상이라고 생각하고 있었고, 천신의 후예라고 자부하고 있었음도 알 수 있다.

2) 민족의 탄생과 발전

허저족은 중국의 소수민족 중에서 유일하게 강가에 거주하며 어업으로 생계를 유지하고, 개썰매를 이용하는 민족이다. 허저족은 민족 역사가 오래되었고, 주로 쑹화강, 헤이룽강 하류지역, 우수리강 유역 일대에서 생활한다. 허저족의 조상들은 거주 지역이 넓게 분산되었고, 빈곤지역에 속하기에 많이 알려져 있지 않았으며, 민족의 역사와 전통도 찾기 어렵다. 단 허저족에 대한 기록이 굉장히 오래전부터 있었고, 선진 시기부터 중원지역의 사람들과 교류한 흔적들도 역사자료에 많이 남아 있다. 긴 역사 속에서 중앙정권은 많이 바뀌었지만, 허저족 거주 지역은 대부분 중국 영역 내에 있었다.

허저족의 기원은 진나라 건국 이전으로 거슬러 올라간다. 남북조 시대에는 '숙진'으로 불렸고, 한나라 · 위나라 때는 '기루'로 불렸으며, 남북조 시기에는 '우지', 수 · 당나라 때는 '흑수말갈', 명나라 말기에는 '동해 여진', '야인여진족'으로 불렸다. 중국 헤이룽강 중 · 하류 지역에는 다양한 민족이 살고 있고, 허저족은 그중 한 민족이다. 청나라 시기 동북 변방지역에는 허저, 하타르, 다우르, 어룬춘, 기르기스, 스취앤, 스루, 피야가, 쿠예 등의 민족이 살고 있었다. 이러한 민족들을 통칭하여 '허저비아카인' 또는 '쿠예비아카인', '하카르인'으로 부르기도 했다. '허저카라'는 여러 민족에 대한 통칭이며, 이 민족명이 다양한 민족을 포함하고 있기에 허저족을 단일민족이라고 규정짓기 어렵다.

중국의 역사학자 차오팅제(曹廷傑)는 허저족을 허저카라(삭발흑금)와 어덩카라(비삭발흑금)로 구분했다. 현재 학계에서 허저족은 알타이어계열 만주퉁구스어족으로 분류한다. 허저족 외에 만주족, 어룬춘족, 어원커족도 모두 같은 민족계열로 볼 수 있다. '허저'라는 이름의 유래를 살펴보면 강희 2년(1663)『청실록』기록에서부터 알 수 있다. 청나라 순치왕 때인 1644년(순치 원년) 허저부는 청나라에 의해 민족집단으로 인정받으며 '허저'를 민족명으로 부여받는다. 최초의 기록은『청성조실록(清聖祖實錄)』에 있다.

기원 1608년(명 만력 36년) 동해여진(허저부)은 건주여진에 대항하여 후르하로 1천여 명이 녕증고탑을 공격했다. 이 공격에서 건주여진 연합군은 많은 사상자를 내고 군사력이 쇠퇴했다. 1651년(순치 8년) 우자라촌의 허저인 그리고 근처 만주 팔기, 기러일인(동해여진)이 녕고탑에서 러시아군에 대항하여 싸웠다. 역사적 원인으로 인해 허저족은 과경민족으로 러시아 경내에 1만여 명이 거주하고 있다. 러시아에서는 '나인'이라고 불린다. 허저족은 민족 역사, 민족 언어, 종교, 세시풍속, 의상, 춤, 민속 등에서 어업과 수렵에 종사하는 북방 내륙지역 사람들의 생활문화가 녹아 있다.

2 의식주와 생활문화

1) 복장

허저족 복장의 특징은 어피로 만든 외투, 바지, 신발 등이다. 어피로 만든 옷은 가볍고 따뜻하고 튼튼하며, 방수가 잘된다. 젊은 남자들은 어피와 짐승가죽으로 만든 옷을 많이 입는다. 짐승가죽은 대부분 고라니가죽, 사슴가죽을 사용한다. 여름에는 챙이 넓은 삿갓 모양의 모자를 써서 햇빛을 가리고 비를 막는다. 모자에는 구름 모양의 무늬를 장식하고 모자는 머리, 귀, 챙의 세 부분으로 나뉜다.

모자의 머리 부분은 수박처럼 둥글고, 겨울에는 안에 가죽을 덧대어

[그림 6-2] 겨울 의상(출처: www.hlj.gov.cn)

따뜻하게 한다. 사냥을 갈 때는 고라니 모자를 써서 위장한다. 물고기 비늘로 만든 상의, 고라니가죽으로 만든 바지나 물고기 비늘로 만든 긴바지를 입고, 물고기 비늘 신발을 신고 장갑도 낀다.

허저족 부녀자들도 어피로 상의를 만들어 입고, 면바지를 입는다. 가죽옷으로는 고라니가죽 또는 사슴가죽으로 상의 또는 망토를 지어 입는다. 어피 상의는 소매가 넓고 짧은 것이 특징이다. 허저족 여성은 아가씨 때는 머리를 하나로 땋고, 결혼한 부녀자들이나 과부들은 두 가닥으로 땋는다. 나이가 많으면 귀걸이를 하고, 젊은 아가씨들은 귀에 다른 장식을 단다. 또한 모두 팔찌를 한다.

어피옷은 길이가 길고, 여성들이 많이 입는다. 외관은 만주족의 치파오와 비슷하고, 허리는 잘록하며, 무릎 아래까지 길게 드리운다. 소매는 넓고 짧으며, 옷깃이 없다. 바지는 넓고 밑단은 꽃무늬로 장식했다. 일부는 수를 놓기도 하고, 방울을 달아서 장식한다. 어피로 만든 바지는 남녀 구분이 되는데, 남자 바지는 주머니가 있고 바지 밑단에는 검은색을 두른다. 어피

[그림 6-3] 허저족 부녀자들의 물고기껍질 의상(출처: tieba.baidu.com)

[그림 6-4] 허저족 복장(출처: 중국동북민족민속박물관, 김영순)

바지는 튼튼하여 겨울철 사냥에도 쉽게 해지지 않고, 봄가을에 물고기 잡으러 갈 때도 방수 기능이 있다. 이 밖에도 허저족은 어피로 다리를 두르는 각반, 앞치마, 장갑을 만들어 사용한다. 현대문명이 발달하면서 허저족도 대부분 면으로 된 옷을 입기에 어피옷은 민간 공예품으로 박물관에 전시되어 있다.

[그림 6-5] 허저족 부녀자들(출처: travel.sohu.com)

2) 음식

허저족은 어렵과 수렵을 하는 경제활동의 영향으로 그들만의 독특한 음식문화를 형성했다. 생선을 좋아하며, 날것으로 먹는 것이 특징이다. 이러한 식습관은 오늘날까지 이어지고 있으며, 허저족만의 독특한 식문화다. 이러한 식습관은 육지로 올라오는 일이 거의 없이 하루 종일 배 위에서 물고기를 잡는 생활과 깊은 관련이 있다. 특히 중국 동북지역은 바람이 세차서 배 위에서 불을 피우는 것이 불가능하다. 그렇기 때문에 배에서 불을 피워 음식을 조리할 수 없으며, 생선을 날로 먹을 수밖에 없다(우야즈 외, 2017).

허저족은 물고기를 잡아 신선할 때 먹는 것을 귀한 풍습으로 유지하고 있다. 살은 생선회 형식으로 먹고, 생선 간, 생선 알, 생선구이, 말린 생선을 많이 먹는다. 귀한 손님이 오면 살아있는 생선을 즉석에서 회를 떠서 대접한다.

허저족은 생선살, 알, 껍질, 오돌뼈까지 익히지 않고 날것으로 먹는다. 평소에는 날로 먹지만, 때에 따라 굽거나 쪄서 먹기도 한다. 또 생선이 많이

[그림 6-6] 생선회(출처: tupian.baike.com)

[그림 6-7] 생선회 무침요리(출처: tupian.baike.com)

[그림 6-8] 라라반(출처: travel.sohu.com)

[그림 6-9] 구운 생선요리(출처: www.erhainews.com)

잡히는 계절에는 햇볕에 말리고 불에 그슬리는 방법으로 저장하여 비수기에 먹기도 한다. 허저족은 손님이 오면 살아있는 생선살을 한 점 베어 칼끝에 꽂아 손님한테 건넨다. 손님이 칼끝으로 고기를 받아 먹으면 귀한 손님으로 후하게 대접하고, 그렇지 않으면 문지방 근처에도 못 오게 박대한다.

허저족은 생선 외에도 '라라반'과 '머우언고반'을 주식으로 한다. '라라반'은 조쌀, 옥수수가루로 걸쭉하게 밥을 짓고, 물고기가루와 동물기름을 비벼서 먹는 밥이다. '머우언고반'은 물고기 혹은 짐승고기와 조쌀을 끓여 소금간을 해서 만든 죽으로 빵, 전, 밥 그리고 채소를 곁들여 먹기도 한다.

3) 주거

허저족의 주거는 자신들의 환경과 생활방식에 맞게 지어진다. 그들은 강가 양지바른 곳에 집을 짓는다. 이는 물고기 잡이와 사냥의 편의를 위해서다. 허저족은 300년 전까지만 해도 원시사회였다. 자작나무, 지푸라기, 짐승가죽으로 집을 지었는데 허저어로는 '춰뤄양쿠'라고 부른다. 19세기 말 헤이룽강 하류와 우수리강 유역에서 생활하던 허저족은 '조', '후루푸'와 '정방'에 살았다.

'춰뤄양쿠'는 허저족이 거주하는 임시가옥이다. 길이 3m, 굵기 0.6㎜ 정도인 나무 막대기를 교차하여 지은 원추형 나무집으로, 밖에는 풀을 넓게 드리워서 비를 가린다. 문은 남쪽에 위치하고, 바닥에는 풀을 깔았다. 집 한가운데는 비워두어 비 오는 날 밥을 짓거나 연기로 벌레를 쫓을 때 불

[그림 6-10] 춰뤄양쿠(출처: article.gangguana.com)

을 피우는 공간으로 사용한다. 잠자리 위치는 서열이 있는데, 연장자가 문 정면에 자리하고 젊은이들은 양쪽에 자리를 잡는다. 이러한 나무집은 물고기가 많이 잡히는 계절에 임시거주지로 사용한다. 허저족의 집에서 볼 수 있는 춰뤄양쿠 같은 형식은 이 지역에 거주하는 어룬춘족과 어원커족에게서도 발견될 뿐만 아니라 한반도에서도 유사한 것을 찾을 수 있다(한중관계연구소, 2017). 다만 외피를 덮는 재료에 따라 지역적 차이가 존재할 뿐이다.

'후루푸'는 허저족이 거주하던 원시적이고 간단한 민가다. 이 집은 구조가 간단한데 땅에 60㎝ 깊이의 구덩이를 파고, 구덩이 위에 굵은 나무로 기둥을 세운다. 대들보를 만들어 나뭇잎을 씌우고, 위에 흙을 덮고 점초를 덧댄다. 출입구는 남쪽에 내고, 창문은 방어 껍질로 만든다. 방에는 침대를 놓을 수도 있고, 온돌을 만들어 여름철, 겨울철 모두 생활이 가능하다. 한 번 지으면 2~3년은 살 수 있다.

또 다른 주거 형태인 '마가자'는 '줘'라고도 불린다. 마가자는 '후루푸'의

[그림 6-11] 전통가옥 전시 모형(출처: 중국동북민족민속박물관, 김영순)

[그림 6-12] 마가자(출처: http://www.yododo.com/photo/013F3E16BA7E0E8DFF8080813F3D5824)

진화 형태로 평지에 지은 집인데, 일반 주택과 비슷한 모습을 하고 있다. 단지 문이 남쪽으로 나 있고, 뒤에는 산을 등지고 있으며, 집안에 칸막이가 없다. 문 양쪽으로 창문이 있고, 동쪽과 서쪽에 온돌이 있다. 온돌 남쪽 정방은 '조'가 한층 더 발전한 모습으로 허저족이 가장 많이 사용하는 주거 형태이기도 하다. 문은 남향이고, 방은 2~3개로 나누어져 있다. 집 안쪽에는 사람이 살고 바깥에는 주방이 있다. 방안에는 남북 대칭으로 온돌이 있다. 허저족은 서쪽을 길하게 생각하기에 서쪽 온돌에 제사상을 차려두고 조상, 귀신에게 제를 지낸다. 집 동쪽 또는 서쪽에는 창고(물고기 저장소)를 짓는데, 나무로 다리를 만들고 땅에서 1m 높이에 짓는다. 창고에는 물고기를 저장하고, 짐승고기 말린 것, 고기잡이용 도구를 넣어둔다.

3 명절과 일상의례

1) 명절

녹신절(鹿神節, 사슴신절)

허저족의 샤머니즘 의식으로는 봄가을에 지내는 '조로신'이 있다. 이는 '태평신춤'이라고도 불리는데, 신에게 귀신을 물리쳐달라고 빌고 복을 기리는 의식이다. 의식을 통해 마을의 번성과 물고기 수확, 사냥꾼들의 무사 귀환을 기원하기도 한다. 이는 마을 사람들이 모두 참석하는 거대한 종교 행사다. 녹신절은 허저족의 전통명절로 9월 9일에 행해지며, 허저족의 사슴 숭배에서 유래한다. 이는 원시 시대 낙후한 사냥도구로 맹수의 공격을 이겨내기 힘들었기에 '호신(護神)'의 수호를 기원하기 위해 생겨난 의식이다.

[그림 6-13] 축제 모습(출처: wgx.hlraohe.gov.cn)

[그림 6-14] 축제 모습(출처: www.minzuwc.com)

개강락(開江樂, 강축제)

허저족의 춤 '개강락'은 젊은 부부가 강으로 물고기를 잡으러 나가는 장면과 돌아오는 생활모습을 담은 무용이다. 이 춤은 어민문화의 생활풍속과 특징을 고스란히 담아내고 있다. 허저족은 개강락을 통해 어민들의 생활과 삶에 대한 의지와 행복을 기원한다.

[그림 6-15] 개강락 춤(출처: www.minzuwc.com)

점연성향(点燃聖香, 성향 피우기)

성향 피우기 의식은 허저족이 대규모 사회활동을 진행하는 전통의식이다. 규모가 크고 성대한 축제로, 허저족의 미래에 대한 기원과 축복을 담고 있는 의식이라고 할 수 있다.

[그림 6-16] 성향 피우기 의식(출처: www.qq545.com)

온지니(溫吉尼)

온지니는 허저족이 재앙을 물리치고 복을 기원하는 신춤의 하나다. 3월

[그림 6-17] 온지니 의식(출처: http://www.minzu56.net/)

3일 또는 9월 9일 수렵을 경축하는 즐거운 날이다. 오늘날은 허저족의 고대 샤먼의식으로 전통신앙 그리고 전통문화의 특색을 보여주는 오락활동으로 자리매김하고 있다.

방하등(放河燈, 강에 풍등을 띄우다)

음력 7월 15일, 강에 풍등을 띄워 익사한 사람들의 영혼을 기리고 하신의 보호와 물고기 수확, 사람들의 안전을 기원하는 방하등은 허저족의 오랜 풍습이다. 이날은 풍등을 띄우고, 모닥불을 지피고, 민속춤을 추며 소원을 빈다. 이 풍습은 민족의 평안, 풍어를 기리는 의식으로 우수리 강변 허저족 마을에 오늘날까지 여전히 남아 있다.

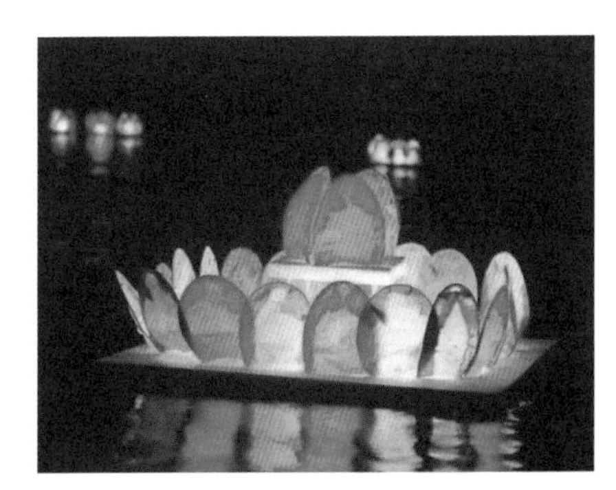

[그림 6-18] 방하등 축제(출처: www.hlraohe.gov.cn)

허저년(赫哲年)

허저년은 오늘날의 설 명절을 뜻한다. 이는 허저족의 큰 명절이기도 하다. 허저족은 한족처럼 구정명절을 성대하게 지낸다. 허저어로 '퍼선커스'라고 부르며, 기간은 그믐날부터 정월대보름까지다. 그믐날에는 '소포위'(종이로 만든 주머니에 금박으로 접은 금괴와 동전 흔적이 있는 노란색 종이를 넣는다)를 만든다. 이는 혼령과 망령을 기리는 의식으로, 조상에게 제를 지낼 때 쓰는 물건이기도 하다. 그믐날 저녁에는 신맞이 행사를 하는데, 마당에 탁자를 놓고 그 위에 만두 한 그릇을 놓아둔다. 예전에는 조쌀로 만든 밥을 올리고, 향을 피우고 절하기도 했다. 신맞이가 끝나면 서쪽을 향해 조상을 기리는 절을 올리고, 집안 어르신들께도 절한다. 새해 첫날은 마을 사람들을 방문하여 세배하고 서로 축복하는 행사가 있다.

오일공성회(乌日貢盛會)

오일공성회는 1985년 6월 28일 헤이룽장성 둥장현 가진구 허저족 마을에서 열린 '허저족 제1회 대회'가 그 시초다. 그 이후 3년에 한 번씩 열렸으며, 1997년부터는 4년에 한 번씩 개최되었다. 오일공성회는 물고기 수확이 많은 6월 하반기에 허저족 마을에서 열린다. 대회는 이틀 동안 진행되며, 3회기부터는 매년 음력 5월 5일을 축제날로 정했다. 오일공성회는 두 가지 주제로 나뉘는데 하나는 민족문화예술, 다른 하나는 민족전통 체육대회다. 이 축제를 위해 각 지역의 허저족은 대표팀을 만들어 개최지에 모인다. 명절 전통의상을 입고 신선한 '타얼카'를 먹으면서 화합과 정을 나눈다. 오일공성회에는 춤과 노래가 있고 다채로운 민속경기들도 벌어진다.

[그림 6-19] 장대 빼기(출처: http://www.minzu56.net/)

[그림 6-20] 불축제(출처: http://www.minzu56.net/)

[그림 6-21] 씨름경기
(출처: http://www.minzu56.net)

2) 일상의례

(1) 혼례

허저족은 족외혼을 많이 한다. 대부분 일부일처제인데, 예전에는 일부 부잣집에서 일부다처제를 수용하기도 했다.

전통혼례

남녀가 약혼할 때는 양가의 어른과 중매인을 초대하여 식사를 한다. 신부를 맞이할 때 남자 측의 어른들은 여자 측의 어른들에게 술 세 잔을 권하는 전통이 있다.

결혼식에서 신부는 벽을 향해 앉아 있어야 하고, 혼례가 끝난 다음에야 신랑과 함께 돼지머리와 돼지꼬리를 먹는다. 이때 신랑은 돼지머리를, 신부는 돼지꼬리를 먹음으로써 남편이 가장으로 가정을 이끌고, 아내는 순종해야 가족이 화목하다는 전통적인 관념을 보여준다. 부부는 마지막에 함께 국수를 먹으면서 백년해로를 기약한다.

결혼식 다음날, 신부는 아침 일찍 일어나 시부모님께 인사를 드린다. 인사를 마치면 차를 따르고 집안일을 하는데, 허저족은 신부가 만드는 음식으로 신부의 재능을 판단한다. 그 밖에도 허저족은 약탈혼, 교환혼, 데릴사위, 민며느리 방식으로 결혼하기도 한다. 과부는 전남편을 위해 상을 다 치르면 재혼도 가능하다. 지금은 이러한 풍습들이 다 사라져 현재 허저족의 결혼풍습은 한족과 별반 다르지 않다.

[그림 6-22] 전통 결혼식(출처: k.sina.com.cn)

[그림 6-23] 신랑과 신부(출처: k.sina.com.cn)

[그림 6-24] 결혼사진(출처: k.sina.com.cn)

허저족 남성에게는 한 가지 재미있는 손짓이 있는데, 한 남자가 한 여자를 사랑하게 되면 그녀의 뒤에 서서 오른쪽 식지를 빼어든다. 이는 이 여자와 혼인하고 싶다는 약속의 표시이며, 평생 함께하고 싶은 마음을 표현하는 것이다.

(2) 장례

허저족의 장례풍습은 매장을 기본으로 한다. 성인이 죽으면 매장하고, 아이가 요절하면 나뭇가지에 걸어놓는다. 사람이 죽으면 자작나무 껍질로 몸을 감싸고, 나무껍질을 꼬아 만든 끈으로 묶어서 땅에 묻는다. 이후 장례문화가 조금 변화되어 사각형 모양의 무덤을 파서 나무로 속을 덧댄 다음 풀을 깔고 그 위에 시신을 눕힌다. 죽은 사람이 생전에 좋아하던 물품들을 순장품으로 넣은 다음 나무 덮개를 덮고, 흙으로 묻어 무덤을 만든다. 만주족, 한족의 영향을 받아 관을 만들어 매장하기도 한다.

허저족은 장례식에서 출상 시 신춤을 추고 신가를 부르며 염라대왕한테 죄를 사해달라고 기원한다. 남자가 죽으면 7일간 당자를 만드는 풍습이 있다. 여자가 죽으면 9일째 되는 날 밤에 죽은 사람의 영혼을 기리며 제사상을 차려서 제사를 지낸다. '뤄당즈(落檔子)'는 죽은 사람의 영혼이 구천에 잘 가기를 기리는 의식이다. 사람이 죽으면 1~3주 동안 상을 하고 전문무당을 불러 사흘간 신춤을 추는 형식으로 진행된다. 사흘째 되는 날 저녁이 되면 가족 중 한 사람이 사람인형(목고법)을 '투어르거'에 놓아 보내준다. 무당은 나무로 만든 높은 대에 올라가 서쪽을 향해 활을 세 번 쏘고, 망자의 영혼에게 갈 길을 알려준다. 그리고 무당은 죽은 사람의 영혼이 구천으로 갔다고 선포하며 묘지에서 가족들에게 죽은 사람이 사용하던 물건을 묻게 하고, 상복을 벗으면 장례식이 마무리된다.

[그림 6-25] 매장무덤(출처: item.btime.com)

7장

어른춘족 이야기

1 기원 및 성립과정

'어룬춘'이라는 명칭은 청나라 때부터 문헌을 통해 처음으로 기록되었다. 『청태조실록(清太祖實錄)』 제50권의 한 상소문에 '어얼툰(俄爾吞)'이라는 기록이 있다. 강희 22년(1683) 9월의 상부(尙福)에서 '어뤄춘(俄罗春)'이라고 부른다는 기록도 있다. '어룬춘'에는 두 가지 뜻이 내포되어 있다. 첫 번째는 '순록을 타고 가는 사람'이라는 의미가 있는데, '어룬춘'이라는 단어는 민족 스스로 부르는 호칭이다. 또한, '어룬'의 발음은 '순록'의 발음(oron)과 같고 춘(chon)은 사람에 대한 호칭이다. 그래서 두 단어가 결합하여 어룬춘(oronchon)이 되었다. 둘째, 원나라 때 어룬춘족은 '숲속 백성'과 '북쪽 산사람'이라고 불렸는데, 주거지역이 워낙 넓게 퍼져 있어 랴오닝성까지 이른다. 명나라 때 헤이룽강 이북에는 사슴을 타고 출입하는 산사람들이 있었다. 이는 바이칼호의 동쪽, 헤이룽장성 북쪽을 오가는 '사슴을 타고 가는 부락'을 가리키는 말인데, 바로 '어춘룬족'이라는 것이다. 청나라 초부터 문헌 기록에 따라 어룬춘족을 '숲속 사람'이라고 불렀다.

1) 종족 기원신화

어룬춘족의 전설에 따르면 태초에 지구에는 아무것도 없었고, 산천초목은 하늘세계와 구름 사이에서 자라고 있었다. 수많은 시간이 흘러 천제가 여기저기 돌아다니다 보니 지면이 벌거숭이 모양을 하고 있는데 흉하기 짝이 없었다. 하늘로 돌아간 천제는 대왕 아르데목 메르겐을 인간세상으로 보내어 세상을 만들라고 했다. 아르데목은 신궁수였다. 땅에 내려온 아르데목은 땅도 천상의 세계처럼 아름답게 만들고 싶었다. 그는 구름 위의 산을 활로 쏘아 떨어뜨려 땅 위에 산을 만들었다. 또 나무를 옮겨 심었고, 물을 주었다. 그리고 밭을 따라 산봉우리를 만들고, 대지를 하늘세계처럼 아름답게 만들었다. 하지만 동물이 없어서 적적함을 느낀 그는 활로 고릴라 등 동물을 쏘았고 암수로 나누어 짝을 지어주었다. 이때부터 대지에는 동물들이 있었다. 어룬춘족은 '언두리'라는 신이 창조했다. 언두리는 만물에 생기를 불어넣는 재주가 있었다. 하늘에 해, 달, 별이 있고 땅에는 산천과 초목이 무성한데 사람이 없는 것을 보고 사람을 만들어 세상을 다스리게 하고 싶었다. 그래서 날짐승의 뼈와 고기로 사람을 만들었다. 먼저 남자 10명과 여자 10명을 만드는 데 성공했다. 그러고 나서 다시 100명의 남녀를 만들려고 했다. 먼저 인간 남자를 만들고, 다시 인간 여자를 만들려고 했는데, 날아다니는 짐승의 뼈와 고기가 더는 없었다. 어쩔 수 없이 흙으로 빚어서 인간 여자를 만들었다. 이렇게 여자는 흙으로 만들었기에 힘이 없고 힘든 노동을 할 수 없게 되었다. 남자와 여자는 결혼을 하게 되고 후대를 번식하면서 오늘날의 어룬춘족이 되었다.

2) 민족의 탄생과 발전

어룬춘족의 조상은 '스워이(室韦)', 즉 숲속 사람들이었다. 원나라 때에 이르러 '숲속 백성'으로, 명나라 때에는 '북산 야인'으로 불리기도 했다. 그들은 주로 외흥안령 남쪽, 우수리강 동쪽, 서쪽으로는 스러가하에서 동쪽으로는 쿠릴열도에 이르는 광활한 지역에서 사냥을 하면서 살아갔다. 17세기 중엽에 러시아인이 중국 헤이룽강 유역을 침범해 어룬춘족을 강제로 남쪽으로 이주시킴으로써 집거지가 생겼다. 1689년 러시아와 불평등조약을 체결한 이후에도 그들은 여전히 외흥안령 남쪽 지역에서 수렵활동을 해왔다. 또한 청나라 정부에 편입되어 순찰대에도 가담했다. 다만 19세기 중엽 러시아가 중국 헤이룽장성 북부 우수리강 동쪽 지역을 점령한 이후 어룬춘족 주민들은 수많은 수렵지를 잃었다. 청나라가 지배하면서 어룬춘족은 역사 속에서 다양한 풍파를 겪는다.

강희(康熙) 30년(1691), 청나라 정부는 어룬춘족을 모링아(摩凌阿)와 야파한(雅發罕) 두 지파로 나누고 부터하(布特哈) 관아에 소속시켰다. 모링아 어룬춘족은 '기마' 어룬춘족이라는 뜻을 지니고 있으며, 팔기에 편입되어 전쟁에 참여했다. 야파한 어룬춘족은 '보행' 어룬춘족으로, 순록을 잃은 채 아직까지 사냥을 하지 못하고 있는 어룬춘족을 일컫는 말이다. 그 말 속에는 '순록을 잃고 아직 말을 얻지 못해서 산속에서 사냥을 하는 민족'이라는 뜻을 포함하고 있다. 그들은 보병으로 편입되어 청나라 군대의 지배를 받았다. 광서(光緖) 8년(1882) 청나라 정부는 부터하 총독부를 폐지하고, 흥안성 총독부를 세워 5지파의 어룬춘족을 통솔했다. 광서 19년 싱안성 총독부가 폐쇄되면서 5지파를 4개 지파로 합병하여 헤이룽강 모르근, 부터하 후룬베이얼성에 소속시켰다. 군벌 시기 팔기 조직을 폐지하고 4지파 16개 분파구조를 유지시켰다.

어룬춘족은 일제강점기 일본군에 대항하여 동북항일연합군에 합류하여 참전했다. 1945년 중화인민공화국 정부가 수립된 후 1951년 네이멍구 자치구와 어룬춘족의 자치기가 세워졌다.

어룬춘족은 조상 대대로 다싱안링 일대에서 사냥하며 살아왔기에 세간에서는 '싱안링 사냥의 신'으로 불린다. 1951년 10월 중국 최초의 소수민족 자치구인 어룬춘 자치기가 세워지면서 어룬춘족의 새로운 민족 발전사를 기록할 수 있었다. 1958년에는 중국 정부에서 어룬춘족을 위해 주택 제공 사업을 하여 그들을 위해 집을 지어주었다. 어룬춘족은 사냥을 하는 민족이어서 유랑생활을 하다가 점차 정착생활로 전환한다. 이는 어룬춘족의 역사상 두 번째 비약적인 발전을 이룬 것이다. 경제와 생활수준이 향상됨에 따라 어룬춘족은 수렵업의 한계와 위험성을 인식하고 생활방식을 전환하기 위해 지속적으로 노력해왔다. 1996년 초 중국 정부가 사냥을 금지하면서 어룬춘족은 수렵생활에서 벗어나 농업, 공업생산으로 경제구조를 전환한다. 어룬춘족 역사상 세 번째 발전기에 이른 것이다. 어룬춘족은 50년도 안 되는 사이에 수천 년 역사 발전의 여정을 순식간에 지나왔다. 이는 인류 역사상 흔치 않은 현상이기도 하다.

[그림 7-1] 어룬춘족 주거마을(출처: http://www.minzu56.net/)

2 의식주와 생활문화

1) 복장

가죽 두루마기(皮袍)

어룬춘족은 수렵 민족으로서 환경과 자연 조건의 제약을 받아 복장 디자인이 단순하다. 또한 근면과 지혜로 독특한 의류문화를 창조했다. 그들은 사냥민족의 특색이 짙은 가죽 재킷을 입고 가죽 모자를 쓰고 가죽 신발을 신는다. 어룬춘족 사람들이 입는 두루마기는 주로 노루가죽으로 만든 것이다. 어룬춘족 사람들은 1년 내내 노루를 사냥했기에 겨울에 입는 옷은 겨울에 사냥한 노루가죽으로 만들고, 봄가을에 입는 옷은 봄가을에 잡은 노루가죽으로 만든다. 여름에는 여름에 잡은 노루가죽을 사용하는데, 털이 짧고 붉은빛을 띤다. 따라서 여름 가죽옷은 '붉은 가죽털옷'이라고 부른다. 여름에는 노루가죽의 털을 깨끗이 밀어내고 만든다. 비가 오면 겨울에 입는 낡은 가죽옷을 뒤집어서 털이 있는 쪽을 바깥으로 하여 입는다. 가죽옷은 방수 기능도 있고 따뜻하다.

어룬춘족은 남녀를 불문하고 겉옷 스타일이 동일하다. 옷섶은 오른쪽으로 여미는 형식이다. 어룬춘족의 모피옷 장식은 간단하고 대범하다. 아름다움과 내구성을 위해 옷깃과 소매에 얇은 가죽을 두른다. 여성의 가죽 두루마기에는 가장자리를 제외하고는 트임이 있는 곳에 아름다운 무늬를 수놓는다. 옆트임이 있는 곳은 구름무늬로 수놓고, 소매와 옷자락은 마주한 면에 구름이나 물 도안 또는 '회(回)' 자 무늬를 넣는다. 꽃무늬는 색실로 수놓거나 불로 그슬려서 만들어낸다. 어룬춘족 복장에 새기는 무늬는 좌우 대칭이 많은 것이 특징이다. 이러한 미적 기준은 대자연 속에서 오랫

[그림 7-2] 어룬춘족 부녀자가 입는 가죽옷(출처: www.mafengwo.cn)

동안 살아오면서 형성된 독특한 미적 감각에서 기인했다.

어룬춘 언어로 남자의 가죽 재킷은 '니뤄수언(尼羅蘇恩)'이라고 부른다. 길이가 길어 무릎 아래까지 드리우고, 말을 타기 편하게 앞트임이 있다. 여성이 입는 가죽옷은 '아시수언(阿西蘇恩)'이라고 불린다. 길이는 남자 옷보다 조금 더 길어 발등까지 온다. 어룬춘족 사람들이 겨울에 입는 가죽옷은 여섯 장의 모피가죽으로 만든다. 또한, 어룬춘족 사람들이 봄가을에 사냥을 나갈 때 입는 옷은 겨울철의 가죽옷보다 짧고 길이가 무릎 위까지 드리운다. 남녀 옷은 모두 끈으로 허리춤을 묶는다.

어린이 가죽옷도 외양은 어른과 같지만, 수를 놓거나 무늬를 넣지 않는다. 단, 소매 끝과 옷 밑단에 예쁜 노리개를 드리우고 단추에 조개 구슬을 달아 부딪치면서 소리를 내게 한다. 아이들이 뛰어 놀면 경쾌한 방울소리가 귀를 즐겁게 한다.

가죽 바지

어룬춘족의 남자가 입는 가죽 바지를 '이마'라 부르는데, 허리춤이 비대하고 무릎까지 드리운다. 바짓가랑이를 접어서 밴드로 묶어 부츠 속에 집어넣는다. 어룬춘족은 야외에서 사냥을 할 때 가죽 바지를 덧입기도 한다. 가죽 바지는 마모된 사슴과 낙타 가죽으로 만들어지며, 털을 깨끗이 밀고 부드럽게 제작한다. 따라서 말을 타고 사냥할 때도 잘 마모되지 않으며 튼튼하고 편하다.

여자 가죽 바지는 멜빵바지와 비슷한 모습이다. 남자 바지보다 타이트하고 앞치마가 있다. 허리춤은 좌우로 겹쳐 있고 허리띠를 한다. 이런 바지는 어룬춘족 부녀자들이 산나물 채취를 위해 말을 타고 산속에서 다니기 적합하다.

가죽 부츠

깊은 산속에서 생활하는 어룬춘족은 대부분 부츠를 신고 다니는데 한여름에도 예외가 아니다. 가죽 부츠의 바닥은 노루 목가죽이나 멧돼지가죽, 낙타가죽, 곰가죽으로 만들고 위창은 노루나 낙타의 다리가죽으로 만든다. 부츠 길이와 가죽의 재질에 따라 '치하미(其哈密)', '원터(温特)', '아오루치(奥路其)'로 나뉜다. 치하미는 노루 다리가죽으로 만든 목이 낮은 가죽 부츠다. 원터는 사슴사죽 또는 낙타가죽으로 만든 발목이 높은 가죽 부츠다. 이 두 가지 부츠는 겨울용이며, 속에는 가죽 양말을 신어서 보온한다. 어룬춘족의 가죽 부츠는 방한 작용과 동시에 걸을 때 소리가 나지 않아 동물을 놀라게 하지 않는다. 여름에 신는 목이 짧은 신발은 '아오루치'라고 부르는데, 털을 제거한 노루가죽으로 만든다. 면이나 천을 구입하면서부터는 천으로 만든 아오루치를 신기도 한다.

가죽 모자

가죽 모자는 '메르타(滅日塔)'라고 불리는데, 사슴가죽으로 만든다. 사슴을 잡아 머리가죽을 벗겨내어 뿔과 귀는 그대로 두고 말린 다음 두드려서 부드럽게 만든다. 그리고 원래 모양대로 천과 가죽을 덧대고, 눈이 있던 곳에는 검은 가죽으로 장식하고, 모자 하단에 털을 덧대어 챙을 만든다. 평소에는 뒤집어서 사용하고 추울 때는 내려서 눈보라를 막는다. 메르타는 어른이나 아이들이 즐겨 쓰는 모자로, 추위를 막아주고 사냥할 때 위장용으로도 좋다. 이는 어룬춘족을 대표하는 복장이기도 하다.

어룬춘 부녀자는 고라니가죽으로 만든 모자를 즐겨 쓴다. 고라니 또는 여우 가죽으로 만든 모자를 '아우언(阿文)'이라고 부르는데, 모자에 4개의 귀가 있으며 좌우는 큰 귀이고 앞뒤로 작은 귀가 나 있다. 평소에는 챙을 접어서 쓰고 추우면 내린다.

[그림 7-3] 사슴 모자(출처: www.rensheng2.com)

2) 음식

어룬춘족은 수렵 민족으로서 자연 생존 환경의 영향으로 육식 위주의 식생활 문화를 형성하고 있다. 그들은 먼저 고기를 먹고 난 후에 죽을 먹고 마지막으로 밥을 먹는다. 오운하부터 가음하 일대에서 살아가는 어룬춘족은 위만 말기까지도 밀을 재배하지 않아 밀가루가 아닌 좁쌀로 죽을 쑤어서 먹었다. 중국이 식민지에서 해방된 이후에야 쌀을 주식으로 먹기 시작했다.

서우바러우(手把肉)

서우바러우는 어룬춘족의 전통적인 음식섭취 방식이다. 그들은 사냥한 짐승고기 뼈, 혀, 심장 등 부드러운 부위를 덩어리로 썰어서 솥에 넣고 삶는다. 끓일 때 고기 종류와 부위에 따라 불 조절을 잘해야 부드럽고 신선한 고기를 맛볼 수 있다. 삶은 고기는 조미료를 섞은 소금에 찍어 먹는다. 이는 곰고기를 먹을 때 가장 많이 사용하는 방법이기도 한데, 어룬춘족은 이를 '아수무(阿素木)'라고 한다. 잡은 곰은 고기를 덩어리로 잘라서 푹 고아낸 다음 다시 잘게 썰어 파, 부추, 소금 등을 넣고 버무려서 따뜻할 때 먹는다. 고기가 느끼하지 않고 신선하며, 귀빈상에 올리는 귀한 음식이다.

꼬치구이

어룬춘족은 고기를 구울 때 뾰족한 나무 꼬챙이에 꿰어 모닥불에 굽는다. 고기 표면이 누렇게 익고 고소한 냄새가 나며 기름이 배어나오면 먹어도 된다. 또 고기를 납작하게 썰어서 연탄 위에 놓고 앞뒤로 뒤집어 가면서 구워 먹기도 한다. 사슴고기는 구워서 먹으면 제일 맛있다.

훈제육포

어룬춘 언어로는 '쿠후러(枯胡熱)'라고 하는데, 고기를 길게 잘라서 솥에 삶는다. 익은 고기는 다시 작게 잘라 소금, 후추, 팔각 등 조미료를 넣고 다시 끓인다. 고기가 무르고 물이 졸아 없어지면 꺼내서 버드나무 가지로 엮어 만든 줄에 걸어 말린다. 말리는 줄 밑에 불을 피워서 고기가 검게 그슬리게 한다. 말린 고기는 저장에 용이하며, 바로 먹기도 하고 죽 또는 국을 끓일 때 넣는다.

육포

어룬춘족은 '우얼가타(烏爾嘎塔)'라고 부르는데, 고기를 가늘고 길게 자른 다음 대에 걸어서 말린다. 말릴 때는 밑에 불을 피워 그슬리게 한다. 이렇게 말린 고기는 저장해두었다가 식사 준비할 때 썰어서 채소와 함께 조리한다.

아수나(阿蘇納)

아수나는 고급 볶음 요리다. 만드는 방법은 익힌 노루 심장, 폐, 갈빗살을 먹기 좋은 크기로 잘라 익힌 노루 뇌와 부추를 섞어서 버무린 다음 돼지기름에 다시 한번 볶아낸다.

생회로 먹기

어룬춘족은 사슴을 잡으면 즉석에서 배를 갈라 심장, 신장을 꺼낸 다음 물에 씻어서 먹는다. 사슴의 심장과 신장을 날것으로 먹으면 눈이 맑아지고 열을 내리게 한다고 생각한다.

고깃국

잡은 짐승 고기는 작게 썰어서 큰 뼈와 함께 가마솥에 넣어 푹 고아낸다. 끓일 때는 '유호아(柳蒿芽)'라는 채소도 넣어서 함께 끓이면 영양도 풍부하고 맛있다. 유호아는 봄에 버드나무 숲에서 채집한 것을 말려서 저장해 두었다가 가을, 겨울에 먹는데, 사슴고기, 멧돼지고기를 넣은 순대선짓국을 끓일 때 함께 넣으면 향도 좋고 영양도 풍부하다.

동물기름

살찐 동물을 사냥하면 비곗덩어리를 녹여 동물기름을 만든다. 사냥꾼들은 동물들이 살찌는 가을철이 되면 멧돼지와 곰을 사냥한다. 잡은 동물의 방광과 내장에 동물기름을 담아서 저장하여 겨울철 식량으로 비축한다. 동물기름은 음식을 조리할 때도 쓰이고, 평소에 마시면 허기를 달래고 갈증을 해소하며 추위도 이겨낼 수 있다. 또 덩치가 큰 동물을 사냥하면 다리뼈의 고기를 깨끗이 발라내고 불에 구운 다음 뼈를 부수어 골수의 기름을 채취한다. 이렇게 채취한 기름은 식용으로도 좋고 피부미용에도 좋다.

혈청순대

어룬춘족은 혈청순대를 '부유써(布油色)'라고 부른다. 사슴을 잡은 다음 가슴을 가르고 갈비뼈 쪽에 칼집을 내어 피가 고이게 만든다. 1시간 정도 지나 떠오른 혈청을 깨끗이 씻은 내장 속에 넣고 조미료를 넣어서 삶는다. 이렇게 만든 혈청순대는 선지순대보다 더 신선하고 부드러운 것이 특징이다.

생선요리

어룬춘족은 생선을 맑은탕으로 끓여 먹거나 찜, 구이로 해서 먹는다.

펜라단(偏拉坦, 수제비)

밀가루 반죽을 하여 기름에 튀기거나 수제비처럼 국에 넣어서 먹는다.

샤오빙(烧饼, 밀가루 전병 卡拉斯克)

밀가루 반죽을 납작하게 빚어 솥에 넣어 구워서 만드는 어룬춘족 특유의 빵이다.

음주문화

어룬춘족의 성인 남자들은 술을 좋아하는데, 즐겨 마시는 술은 두 가지 종류가 있다. 그중에 마유주(馬奶酒)는 말젖, 좁쌀 등을 넣어 1주일간 숙성시켜 만든 술이다. 어룬춘족 사람들은 술을 즐기는 민족으로 취할 때까지 술을 마셔야 직성이 풀린다.

3) 주거

사인주(斜人柱)

사인주는 어룬춘어로 '나무집'이라는 뜻을 지니고 있다. 길이 5~6m 정도 되는 나무 20~30개와 짐승 가죽 그리고 자작나무 껍질로 만든 원뿔모양의 원시적인 집이다. 사인주는 만드는 방법이 간단하다. 먼저 가지가 있는 나무들을 교차하여 원추형 지지대를 세운다. 그런 다음 다른 나무들을 기둥 옆에 함께 세워서 우산 모양의 골조를 만든다. 그 위에 사슴가죽을 덧씌

우거나 자작나무 껍질을 씌우면 여름에는 비를 가리고, 겨울에는 바람을 막아주는 사인주가 만들어진다. 사인주 위에는 구멍이 나 있는데, 집안에서 불을 피웠을 때 연기가 밖으로 나갈 수 있고 빛이 들어오게 할 수 있다. 남쪽 또는 동남쪽에는 사람이 드나들 수 있게 문을 만든다.

사인주에 덮는 재료는 계절에 따라 달라진다. 겨울철에는 추위를 막아내기 위해 사슴가죽으로 덮는데, 사인주 하나에 보통 50~60장의 사슴가죽이 필요하다. 봄이 되어 날씨가 따뜻해지면 자작나무 껍질로 집을 덧씌운다. 사인주는 산등성이 남쪽의 바람을 등진 곳에 짓는다. 여름에는 높고 시원한 곳에 짓는다. 지금은 모두 정착생활을 하며 벽돌집 또는 나무와 흙으로 지은 튼튼한 집에서 살고 있어 사인주는 가을, 겨울 사냥을 나갈 때 지어서 몸을 녹이고 한파를 피하는 임시 움막으로만 사용한다.

[그림 7-4] 사인주(출처: k.sina.com.cn)

[그림 7-5] 사인주 모형
(출처: 중국동북민족민속박물관, 김영순)

3 명절과 일상의례

1) 명절

화신(火神) 숭배

어룬춘족은 매년 섣달그믐날 아침과 설날 아침에 집집마다 모닥불을 지핀다. 모닥불에 고깃덩어리와 술을 뿌리는데, 손님들이 방문하면 직접 가져온 고기와 술을 모닥불에 뿌리는 것이 예의다.

설 명절

어룬춘족에게도 설 명절은 가장 큰 명절이다. 설 명절은 어룬춘족의 전통명절이며, 송구영신의 의미를 담은 좋은 날이다. 구정 명절은 한 달 전부터 준비한다. 사냥꾼들은 사냥하여 잡은 가장 좋은 고기를 준비하여 만두소를 만들고, 요리용으로 저장한다. 연말이 되면 사냥꾼들은 사냥한 짐승을 들고 한족이나 만주족 마을로 가서 쌀, 의류, 고기, 담배, 다과, 폭죽 등 설맞이 물건으로 교환한다. 산속으로 사냥을 갔던 사람들, 그리고 다른 지역에서 장사를 하기 위해 고향을 떠났던 사람들은 새해가 되기 전에 모두 집으로 돌아온다. 명절 전은 가장 바쁜 시기다. 새해를 맞이하기 위해 만두를 빚어서 냉동시키고, 꽈배기를 튀기고, 멧돼지고기 수육을 만든다. 어룬춘족은 새해를 맞을 때면 모두 새 옷을 지어 입고 집 안팎을 깨끗이 청소한다. 그믐날 밤에는 가족이 모두 모여 밥을 먹는다. 이날은 다른 집을 방문하지 않는다. 해가 지면 집집마다 모닥불을 지피고 앞으로의 날들도 불처럼 왕성하게 해달라고 기원한다. 또한, 불을 지핌으로써 파리, 모기떼를 쫓고 기르는 말들이 더욱 많아질 것이라고 믿는다.

그믐날에는 다툼이나 눈물을 금기시하며 아무리 큰일이 있어도 참고 화목하고 평화롭게 해결한다. 그믐날 싸우고 물건을 던지면 1년 동안 평화롭지 못한 일들이 생긴다고 해 이날만은 칼, 삽, 총 등을 금지하고, 쓰레기나 더러운 물을 버리는 것도 삼간다. 또한 '죽음', '지다', '뒤집다' 같은 단어도 사용하지 않는다. 이러한 불길한 행동 또는 말이 1년 동안 행운을 빼앗아간다고 생각하기에 조심한다. 밤 12시가 되면 폭죽을 터뜨림으로써 귀신을 쫓고 새로운 한해를 맞이한다.

정월초하루 날이 밝으면 가정마다 갓 빚은 만두를 끓이고, 연장자에게 술을 따르고 세배하며 서로 축복한다. 세배가 끝나면 모여 앉아 만두를 먹는다. 해가 뜨면 새 옷으로 갈아입고 이웃집을 다니면서 세배를 한다. 세배할 때 먼저 술과 담배를 권한 다음 절을 하고 집안 어르신들의 건강과 장수를 축복한다. 아이들은 할머니, 할아버지한테 세배하고, 할머니, 할아버지는 아이들에게 세뱃돈이나 사탕을 주며 건강하게 자라라고 축복한다.

정월 초이틀, 3일에는 말 경주를 한다. 노인들은 서로 인사하고 모여서 함께 술을 마시고 즐긴다. 어룬춘족은 집집마다 이웃을 초대하고, 젊은이들은 모여서 다양한 행사를 한다. 여러 가지 내기, 노래 부르기, 춤추기, 바둑 두기, 마작하기 등 오락활동을 한다. 5일째가 되면 '파오(破五)', '귀신의 날[鬼日]'로 외출을 금기시한다. 이날은 사냥도 금지하고 가정에서 큰소리를 삼간다. 6일째가 되면 모든 일이 순조롭게 풀리는 좋은 날이기에 모두 외출하고 사냥을 떠나거나 이웃집을 방문한다.

정월대보름 등절

어룬춘족은 정월대보름을 큰 명절로 지낸다. 이날은 집집마다 가족들이 모두 모여 식사하고, 폭죽을 터뜨리고 노래하고 춤추며 각종 행사를 진행하여 즐긴다. 저녁이 되면 달빛 아래에서 말 경주를 하고, 씨름과 줄다리기도 하고, 노래를 부르고 춤을 추며 밤새 즐긴다.

모헤이일(抹黑日)

대보름날 다음날인 16일이 되면 가마솥 밑 숯검정을 서로의 얼굴에 묻히는데, 이는 화를 물리치고 평안을 기리는 의식이다. 이날이 되면 남녀노소 모두 두 손 가득 숯검정을 칠하여 이웃집을 다니면서 서로의 얼굴에 묻힌다. 하지만 자녀들이 부모의 얼굴에 묻히거나 형이 동생 부인의 얼굴에 묻혀서는 안 된다. 서로의 얼굴에 숯검정 칠을 할 때, 나이가 어린 사람은 연장자에게 먼저 예의를 갖추어 절하고 나서 칠해준다. 이 관습은 지금까지 남아 있는데, 종교적인 색채보다는 오락거리로 즐기는 의식이 되었다.

[그림 7-6] 모헤이일 모습(출처: www.nmonline.com.cn)

단오절

어룬춘족은 정착하여 생활하기 시작하면서 명절 행사도 다양해졌다. 한족의 전통적인 명절인 단오절도 여러 소수민족의 명절로 변화했고, 지역에 따라 지내는 방식도 다양하다.

6월의 싱안링산맥에는 늦은 봄이 찾아와 연록으로 뒤덮이고, 단오절이 되면 사람들로 인산인해를 이룬다. 이날 어룬춘족, 한족 그리고 다우르족 모두 가족과 함께 삼삼오오 산에 오른다. 산에서 나물을 캐고, 꽃을 꺾고, 버드나무 가지와 들꽃으로 여러 가지 장식을 만든다. 어룬춘족 노인들은 단옷날 아침에 이슬로 세수하면 1년 동안 병에 걸리지 않는다고 생각한다. 사람들은 소원을 빌고 오랜 관습에 따라 이슬 맺힌 푸른 봄 내음을 풍기는 꽃과 풀잎들을 집 문에 걸어둔다. 새벽 5시가 되면 집집마다 문에 쑥, 버드나무 가지, 각양각색의 종이 호리병박을 걸어둔다. 일부 가정에서는 라일락 꽃다발을 걸어두기도 한다. 단옷날이 되면 적막했던 향촌마을들에 활기가 넘친다.

달맞이절

달맞이절은 어룬춘족의 전통명절이다. 이는 어룬춘족의 사냥문화와 밀접한 연관이 있다. 달은 사냥꾼들이 첩첩산중에서 길을 찾을 수 있게 해주기 때문이다. 달맞이 명절은 매년 음력 1월 15일과 8월 15일 두 차례 지낸다.

제사를 지낼 때 사냥꾼과 유목민들은 달 그림이 있는 신상을 길 가운데에 걸어둔다. 그림은 달과 마주 보고 있어야 한다. 그리고 껍질을 벗긴 야수를 제사대 아래에 두고 발톱을 제거한다. 발톱을 제거하는 것은 신령을 노하게 하여 사냥 시 맹수의 발톱에 다칠 수도 있다고 생각하기 때문이다. 맹수의 머리는 달 그림이 있는 신상을 향하게 한다. 준비가 끝나면 사람들은 신상 앞에서 절하면서 사람과 말의 평안과 만사형통을 기원한다. 절을 마치면 신상에 맹수의 피를 뿌린다. 제사가 끝나면 제사를 지낸 짐승의 고기는 익혀서 참석한 사람들끼리 나누어 먹는다. 평소에도 만약 며칠 동안 사냥물을 포획하지 못하면 사냥꾼들은 선인주(움막) 밖 달빛 아래 정한수를 떠놓고 달에게 머리를 조아려 사냥감을 보내달라고 기도한다. 다음날 떠놓은 물속에 짐승의 털이 떠 있으면 그 짐승을 사냥할 수 있다고 믿는다. 사냥꾼들의 점괘나 마찬가지다.

2) 일상의례

(1) 혼례

어룬춘족은 친족끼리 혼인을 금지하고 족외혼 제도를 유지해왔다. 그들은 오랜 세월 많은 친족, 혈연 간의 혼인 속에서 혈연관계가 멀수록 자녀들이 건강함을 깨달았다. 따라서 사촌 간에는 결혼해서는 안 되고, 먼 이종사촌이나 고종사촌 간의 결혼은 허락했다.

어룬춘족의 혼례식은 소개, 청혼, 약혼, 채례, 결혼 등의 절차를 거쳐 진행된다. 남자 15~16세, 여자 14~15세가 되면 각 가정에서는 그들을 위한 혼사를 준비한다. 청혼은 남자 가정에서 하고 세 번은 해야 성공한다. 따라서 세 번째 구혼이 가장 중요하다. 청혼이 성공하면 양가 부모가 상견례를 하고 채례를 준비한다. 혼사가 성사되면 중매인과 남자 어머니는 소주와 멧돼지고기를 가지고 여자 집으로 간다. 남자는 여자 집 어르신들에게 절을 하는데, 장인어른에게는 절하지 않는다. 채례는 한국의 예단을 보내는 것과 흡사하며 말 두세 필, 술 2통, 멧돼지 2마리를 선물한다.

결혼식을 올리기 며칠 전에 남자와 그 형제자매가 여자 집에 신부를 데리러 간다. 결혼식 날 신랑 · 신부는 공들여 만든 사슴가죽옷을 입고, 노루털 모자를 쓴다. 신부는 머리를 땋아 올림머리를 한다. 어룬춘족 여성의 올림머리는 혼인한 유부녀의 상징이다. 신혼부부가 자는 신방인 '선인주'를 깨끗하게 청소하고 꽃사슴가죽을 침대 위에 깐다. 구름무늬 장식을 한 노루가죽 이불은 침대 한켠에 펼쳐둔다. 침대 한쪽에는 자작나무 껍질로 예쁜 서랍장과 반짇고리를 만들어서 놓아둔다.

신랑은 결혼 전날 자신이 묵을 선인주로 돌아온다. 결혼식 당일 신부는 삼촌, 큰아버지, 오빠, 올케 등 가족들의 배웅을 받으며 집을 떠난다. 부모가 딸에게 주는 지참금으로 말 여러 마리, 가죽 이불, 가죽옷, 자작나무 껍질로 만든 서랍장과 수예도구 등이 있다. 배웅하는 친인척들은 무리를 지어 즐겁게 신부를 데리고 신랑 집으로 향한다.

신부를 배웅하는 사람들이 신랑의 '우리렁'에 다다르면 신랑은 마을의 형제들과 함께 신부를 맞이한다. 신랑과 신부 측이 서로 만나면 신랑은 신부를 데려가려 하고 신부 측에서는 못 데려가게 방해한다. 실랑이를 벌이다가 결국 신랑 · 신부 측 각 마을사람들은 신랑 · 신부를 앞세우고 신랑 집으로 향한다. 신랑 집에 다다르면 신랑 측 부모가 신부 측 손님들에게 술을 권한다. 신랑 측 집주인이 신부 측 손님들을 상석에 앉게 한 다음 신랑 · 신부는 하늘에 제를 올린다. 둘은 정남향을 향해 절을 올리고 나서 신랑의 부모님과 신랑 측 어르신들에게 인사를 드린다. 그리고 결혼 축하연이 시작된다. 쌓아놓은 장작에 불을 지피고 모든 손님이 장작불을 둘러싸고 앉는다. 주인은 고기와 술을 손님한테 권하고, 신랑 · 신부는 모든 어르신에게 일일이 절하며 술을 권한다. 술을 받은 사람들은 신혼부부를 축복하고 선물을 준다. 술잔을 주고받다 보면 노랫소리가 울려 퍼지기 시작하고 사람들은 흥에 겨워 춤추기 시작한다. 흥겨운 축제는 밤늦게까지 이어진다.

밤이 되면 신랑 · 신부는 한 그릇에 담긴 '라오카오타이(老考太)' 죽을 나누어 먹고, 칼 하나로 접시에 놓인 고기를 잘라 먹으면서 헤어지지 말고 백년해로 하자고 약속한다.

(2) 장례

어룬춘족의 장례식 방식은 풍장(風葬), 수장(树葬), 매장(토장-土葬), 화장(火葬)이 있다. 일부는 수장 후 매장하는 방식을 택하기도 한다. 역병에 걸려서 죽은 청년이나 임산부는 화장한다. 사람이 죽으면 깨끗한 옷으로 갈아입히고 머리는 북쪽으로 발은 남쪽으로 향하게 하여 원래 살던 사인주에 넣어둔다. 얼굴은 종이(예전에는 자작나무 껍질 또는 짐승 가죽 사용)로 덮는데, 그의 영혼이 종잇조각에 붙어서 빨리 염라대왕한테로 가기를 기원하는 것이다.

죽은 사람에 대한 예의를 마친 다음 출상을 하는데, 출상하기 전에 산과 물이 있는 산등성이에 묏자리를 정한다. 출상 시 친척과 친구들이 관을 메고 호송한다. 돌아가신 분에게 자녀가 많으면 출상 시 보살을 청해 혼령을 기린다. 이는 죽은 사람의 혼령이 자녀에게 해를 끼칠까 두려워서다. 또 죽은 사람의 가족들은 풀을 엮어서 사람인형을 만드는데, 인형에 끈을 여러 개 매달고 자녀들이 각각 1개씩 잡고 간다. 샤먼이 기도를 마치고 신봉을 들어 선을 끊고 풀인형을 던지면서 죽은 사람의 영혼을 보낸다. 어룬춘족은 죽은 사람이 쓰던 물품을 순장품으로 함께 넣는다. 죽은 사람의 옷을 말안장에 올려 말을 끌고 장지를 몇 바퀴 돌면서 순장 의식을 거행한다. 사람이 죽은 지 1년이 지나면 또 한 번의 성대한 제사를 지낸다.

8장

어원커족 이야기

1 기원 및 성립과정

어원커족은 중국 동북아 지역에 사는 민족이다. 러시아 접경지대 그리고 시베리아, 중국 네이멍구와 헤이룽장성 일대에 거주하며 일부는 몽골에 거주한다. 러시아에서는 그들을 '어벤키(Эвенки)'라고 부른다.

어원커족은 민족 자체 이름이다. '어원커'라는 말의 의미는 '산속에 사는 사람들'이다. 어원커족의 언어문화는 독특한 특징이 있다. 언어는 알타이어 계열로 퉁구스어족 북쪽 지파에 속한다. 일상생활 속에서 어원커족 유목민들은 몽골어를 상용어로 사용하고, 농민들은 중국어를 사용한다. 어원커인은 유목민에서 정착민으로 변화한 경우다. 따라서 축목업을 생활의 기본 방식으로 하고 있다. 생활방식의 변화로 인해 그들의 전통문화는 다양한 색깔을 지니고 있다. 이는 특히 복장과 음식문화에서 구체적으로

[그림 8-1] 어원커족이 사냥하는 모습 모형(출처: 伊兰琪)

드러난다.

1) 종족 기원신화

어원커족의 기원에 대해서는 내막일근(來莫日根) 신화가 전해진다. 태초에 인간은 이끼를 먹고 살았다. 그러다가 활로 사냥을 하기 시작했고, 짐승을 사냥하면 불을 이용하여 고기를 구워먹을 수 있었다. 사냥을 많이 하여 헤이룽강 일대의 짐승이 줄어들자 내막일근은 말을 타고 강 건너편에 사냥할 곳을 찾았다. 그는 강 건너편 산속에서 거대한 말을 발견했고, 거인이 그 말을 타고 있는 것을 보았다. 말과 거인은 모두 눈이 하나밖에 없었다. 거인은 그에게 담배 주머니를 건네며 담뱃불을 붙이라고 했다. 내막일근이 거인에게 담배를 건네려고 하자 그가 타고 있던 말이 거인을 보고 놀라 도망을 가기 시작했다. 거인은 말을 타고 그를 쫓아왔다. 내막일근은 잽싸게 말을 타고 강 건너 남쪽 강변으로 갔다. 강 건너편에 이르자 그는 거인에게 말했다. "능력이 있으면 이쪽으로 건너와 보시죠." 하지만 거인은 그날 강을 건너오지 않았다. 내막일근은 마을로 돌아와서 사람들에게 강 건너편은 사냥하기가 힘드니 다른 곳으로 가자고 말한다. 마을사람 중 일부는 그 말에 반대했다. 그러자 내막일근은 자신과 함께 가고 싶은 사람은 잠을 잘 때 서남쪽에 머리를 두고 자라는 말을 남긴다. 다음날 그는 자신과 뜻을 함께 하는 사람들을 거느리고 서남쪽을 향해 떠났다. 그때 내막일근을 따라 강 남쪽으로 이동한 사람들은 어원커족이 되었고, 여전히 산속에 머무르고 있었던 사람들은 어룬춘족이 되었다고 한다.

2) 민족의 탄생과 발전

'어원커'는 어원커족이 스스로를 부르는 이름으로 '산속에 사는 사람들'이라는 뜻을 지니고 있다. 역사적으로 어원커족은 다싱안링 일대의 산속에 거주했다. 그 범위는 외흥안령에서 아마잘강, 레나강 상류 지역까지를 포함한다. '어원커'는 '산에서 내려온 사람들' 외에 '남산기슭에 사는 사람들'이라는 뜻도 지니고 있다. 이러한 해설은 어원커족이 삼림 속에서 거주하고 있음을 설명해주고 있다. 민족명의 뜻으로부터 어원커족이 산과 밀접한 관계를 맺고 살고 있다는 것을 알 수 있다.

'쒀룬'이라는 호칭은 천총(天聰) 8년(1634) 『청태종실록(淸太宗實錄)』에 기록이 있다. 오랜 역사 기간 동안 '쒀룬'은 어원커족, 다우르족 그리고 어룬춘족을 포함한 민족의 통칭이기도 하다. 시간이 흐르면서 서서히 민족 분화가 이루어졌고, 쒀룬은 어원커족의 호칭으로만 불리게 된다. 1950년대 초까지만 해도 '쒀룬'으로 불리던 어원커족은 지금의 어원커기, 아룽기, 자란둔시, 무어리다와기와 어룬춘기 등 지역에 거주하는 어원커족에 대한 호칭이기도 하다. 이들은 어원커족의 다수를 차지하고 있다.

'퉁구스(通古斯)'는 천기에 거주하는 어원커인에 대한 호칭이다. 어원커기의 시니하강 유역에도 '퉁구스'라고 불리는 어원커족이 살고 있다.

'야쿠터(雅库特)'는 액좌기오로고아악(额左旗敖鲁古雅鄂) 일대에 거주하는 어원커족에 대한 호칭이다. 이곳에 거주하는 어원커족은 레나강 일대와 돌궐어를 사용하는 야쿠터인과 이웃하고 살았기에 '야쿠터'로 불리기도 한다. 역사 속에서 다른 지역에 거주하는 어원커족에게는 각각의 다른 민족명이 있었다. 하지만 모두 스스로 어원커족이라고 생각하고 있었기에 동일한 민족으로 구분했다. 중화인민공화국이 수립된 이후 정부에서는 조사와 탐방을 통해 어원커족과 협의 하에 1958년 '쒀룬', '퉁구스', '야쿠터' 등 다양한 민족명을 '어원커족'으로 통일했다.

2 의식주와 생활문화

1) 복장

어원커족의 민족의상은 품이 넓고, 길이가 길고, 옷섶이 길고 휘어졌으며, 긴 허리띠를 하는 것이 특징이다. 청나라 말기 어원커인은 짐승 가죽으로만 옷을 지어 입었다. 그러다가 청나라 때부터 천으로 옷을 지어 입기 시작했다. 가죽을 많이 덧대는 편인데, 이는 축목업에 종사한 것과 주거하는 지역의 추운 날씨와 밀접한 연관이 있다. 겨울에는 긴 털옷을 지어 입고, 가을과 봄에는 짧은 털옷을 입는다. 여름에는 털을 밀어낸 가죽으로만 만든 옷을 입는다. 가장 많이 입는 털옷은 양털옷이다. 짐승의 가죽은 종류가 다양하며 입고, 쓰고, 깔고, 덮는 등 다양하게 활용된다. 그들이 덮는 가죽이불이 가장 특징적이라고 할 수 있다.

어원커기의 어원커족은 축목업을 경제적 기반으로 하고 있으며, 옷은 대부분 가죽으로 지어 입는다. 긴 털코트(수윙)는 겨울철 필수 옷이며 남녀 공용이다.

[그림 8-2] 어원커족 복장(출처: http://blog.sina.com.cn/s/blog_6b9948550102ex8a.html)

[그림 8-3] 어원커족 복장(출처: https://dmhlbr.com/nd.jsp?id=97)

짧은 가죽옷(후루무)은 겉에 덧입는 상의로 소매가 넓다. 후루무는 예복으로, 결혼식에서 남녀가 입는 필수 전통 복장이다. 봄가을에는 짧은 털옷으로 대체 가능하다. 양가죽 조끼(하오부처수웡)는 이 옷은 손님 접대시, 그리고 명절에 입는 전통 복장이다. 36장의 양가죽이 필요하며 천 또는 비단으로 면을 댄다. 가죽 바지는 4장의 양가죽을 사용하여 만든다. 가죽 바지는 가장 추운 계절에 겉에 덧입는 방한 바지로 무릎에는 꽃무늬 장식이 수놓아져 있으며 튼튼하고 아름답다. 가죽 모자는 예전에는 가정에서 직접 만들었지만 지금은 가게에서 구매하여 쓴다. 가죽 신발은 어원커족이 가장 많이 신는 신발이다. 소가죽으로 밑창을 깔고, 양가죽, 송아지가죽, 말가죽 등으로 제작한다. 겨울용과 여름용으로 나뉜다. 어원커족의 허리띠는 초기에는 가정에서 가죽 또는 천으로 만들었다. 지금은 천이나 비단으로 만든다. 남자가 허리띠를 착용하는 것은 예의를 표시하는 상징이기

[그림 8-4] 어원커족 여성들(출처: 东北亚民族文化研究会)

도 하다. 장갑의 재질은 가죽이다. 엄지 그리고 두 갈래로 나뉜 모습을 하고 있다.

어원커인의 복장은 꽃무늬가 특징이다. 남자 옷은 외투의 밑단을 트고, 여자 옷은 트지 않는다. 여자 옷은 손목 주변을 접어 추울 때는 내릴 수 있게 만들었다. 남자들은 손등 부분이 튀어나온 '말발굽 모양'으로 소매를 만들어 방한 기능도 하고 보기에도 멋스럽다. 어원커족은 남녀를 불문하고 소맷자락과 깃에 꽃무늬를 수놓는다.

2) 음식

어원커족의 음식은 사냥, 축목, 농업 등 생활환경과 경제 형태에 따라 조금씩 다르다. 보편적으로 고기와 유제품이 많다. 주로 사냥한 야생동물 고기, 생선을 주식으로 하며 채집한 야생식물로 다양한 요리를 만들어 먹는다. 과일은 소로 넣어서 만두를 빚어 먹기도 한다. 어원커인은 축목업에 종사

[그림 8-5] 어원커족 여성들(출처: 东北亚民族文化研究会)

하기에 일상생활 속에서 주식으로 양고기와 소고기를 가장 많이 먹는다. 가끔 돼지고기를 먹기도 하며, 겨울철에는 말고기, 낙타고기도 먹는다. 대부분 가정에서 1년 내내 양을 잡으며, 겨울에는 소를 잡아 월동 음식을 장만한다. 사냥하여 잡은 짐승 고기는 삶고, 졸이고, 볶고, 고기소로 만들어 먹기도 하고, 발효시켜 먹는 등 다양한 조리법이 있다.

서우바러우(手扒肉)

서우바러우는 유목민이 가장 많이 먹는 음식이다. 끓는 물에 고기를 넣어 삶아서 먹는데, 소금간을 하지 않고 일부는 감자를 넣어서 함께 삶는다. 서우바러우를 먹을 때는 소스를 곁들인다. 부추꽃 소스, 채소 다진 소스 또는 매운 소스가 있다. 소금간을 한 육수에 찍어 먹기도 한다. 서우바러우를 먹을 때는 손으로 고깃덩어리의 튀어나온 뼈를 잡고, 작은 칼로 고기를 잘라 소스에 찍어 먹는다. 고기를 자르는 데도 규칙이 있는데, 칼끝은 자르는 사람을 향하게 하지 않고, 손에 칼을 든 채로 다른 사람을 가리키지 않는다. 유목민은 소나 양을 잡은 다음 바로 서우바러우와 관창으로 조리하여 먹는다. 돼지를 잡았을 때도 바로 서우바러우로 만들어 먹는다.

관창(灌肠)

어원커족의 관창은 여러 가지 종류가 있다. 소로 들어가는 재료에 따라 이름도 다르다. 관창은 어원커어로 '서어치'라고 부르는데, 순대 모양이다. 만드는 방법은 선지덩어리를 손으로 부수고, 부순 작은 덩어리는 제거한다. 소 또는 양의 지방덩어리를 다져서 함께 넣고 파와 소금간을 하여 짐승의 내장 속에 넣어서 익혀 먹는다. 다른 방법으로는 동물의 간이나 폐를 다져서 소금간을 하여 파와 함께 내장에 넣어서 순대를 만들기도 한다. 이러한 순대는 '어러얼지'라고 부른다. 관창은 맛이 독특한데, 일부 지역에서는 고기를 썰어서 넣기도 한다. 또 순대 소로 양고기와 양두(羊肚)를 채 썰어서 양의 얇은 내장을 이용하여 장식하기도 한다. 이렇게 만든 순대는 서우바러우와 함께 삶아서 먹는다.

양 가슴살 요리

양 가슴살 고기는 양의 신체에서 가장 맛있는 부위이기도 하다. 어원커족은 양을 잡아 껍질을 벗길 때 양 가슴의 일부 털과 가죽을 남겨둔다. 그런 다음 그 부위를 불에 살짝 굽는다. 그리고 깨끗이 씻어 서우바러우와 함께 끓여낸다. 이렇게 끓여낸 양고기 가슴살은 색다른 별미로 많은 사람의 사랑을 받고 있다.

소-양 족발과 소-양머리 요리

소-양 족발과 소-양머리는 조리 시 털과 껍질을 그대로 둔 채 불에 그슬린다(기구가 있는 집에서는 불꽃을 분사하여 털을 태운다. 이는 양 가슴살 조리 시 사용하는 방법과 흡사하다). 이렇게 불에 살짝 구운 고기를 다시 삶는다(소-양 족발을 끓일 때는 조미료를 넣고 장시간 끓인다). 푹 고아낸 족발을 납작하게 썰어서 술안주로 많이 먹는다. 조미료를 넣어서 끓여낸 족발 국물은 식으면 굳어서 묵처럼 되는데, 납작하게 썰어서 반찬으로 올린다.

소-양꼬리 요리

소-양꼬리는 관절 마디에 따라 칼로 잘라서 조미료를 넣은 뒤 쪄서 먹는다. 양꼬리는 서우바러우와 함께 삶아서 먹는다. 꼬리 바깥쪽 지방은 잘라내어 식용유로 사용하기도 하고, 남은 고기는 기름을 넣고 조린다.

말고기 요리

말고기는 열이 많은 음식이다. 따라서 날씨가 가장 추울 때 말 등갈퀴 밑 고기를 졸여서 먹는다.

야생동물 요리

어원커족은 사냥을 한 산짐승을 식량으로 하는데, 짐승 종류가 다양하다. 순록, 사슴, 말코손바닥사슴, 멧돼지, 황양, 들꿩, 오골계, 꿩, 사막꿩 등이 있다. 조리 방법으로는 삶기, 굽기, 찌기 등이 있다. 고기를 얇게 썰어서 나무로 만든 꼬치에 꽂아 소금을 뿌리고 모닥불에 구워내는 방법이 있다. 표면이 노랗게 익고 기름기가 배어나오면 먹을 수 있다. 꼬치구이는 겉은 바삭하고 속은 부드러우며 씹을수록 고소하다. 순록고기 또는 황양고기로는 튀김요리를 많이 해 먹는다. 이러한 동물들은 육질이 부드럽고 고소하다.

말코손바닥사슴의 코 요리와 곰 발바닥 요리는 귀한 음식으로 꼽힌다. 사냥꾼들이 사냥한 야생동물로는 국을 끓여먹는다. 그중 들꿩고기는 흰 육질이 부드럽고 맛있다. 또한, 털을 제거한 다음 살코기를 얇게 썰어 오이와 함께 볶으면 술안주로 그만이다. 또한 동물의 고기는 만두소로도 많이 사용한다.

어원커족은 동물의 간과 신장을 날것으로 먹는 습성이 있다. 사냥한 짐승의 내장을 꺼내 따뜻할 때 간과 신장을 소금에 찍어 먹는다. 어원커인은 생간을 먹으면 눈이 좋아지고, 신장을 날로 먹으면 장수한다고 생각한다.

고기 저장 방법

어원커족은 사냥한 짐승 고기를 봄가을에는 말려서 저장하고, 여름에는 절이는 방법을 이용한다. 여름에는 파리 등 구더기와 높은 기온으로 고기가 상할까 우려하여 절이는 방식을 사용한다. 겨울에는 자연이 선사하는 자연 냉동고에 얼려서 보관한다. 고기를 익히거나 날고기를 그대로 말려서 육포를 만든다. 노루고기 육포와 말코손바닥사슴고기 육포가 유명하다.

유제품

어원커족은 유제품을 즐겨 먹는 민족이다. 우유의 하얀색이 결백을 상징하며 인류 번영의 원천이라고 생각한다. 따라서 우유를 성스럽고 귀한 물건으로 여긴다. 어원커인은 각종 제사상에도 우유와 유제품을 많이 올린다. 목축지역에 거주하는 어원커족은 소젖을 많이 사용하고, 스루(使鹿) 어원커족은 순록의 젖을 우유로 많이 사용한다.

어원커족이 우유를 먹는 방법은 다양하다. 가장 많이 먹는 방법은 끓여서 먹는 것이다. 일부는 갓 짜낸 따뜻한 우유를 아이들에게 바로 마시게 한다. 신선한 우유나 끓인 우유에 밥을 말아서 먹기도 한다. 또는 걸쭉하거나 묽게 우유죽을 쑤어서 먹는 방법도 있다. 익힌 감자를 끓인 우유에 넣어 으깨어서 수프를 만들기도 하고, 우유에 호박, 강낭콩을 으깨어 넣어서 수프를 만들어 먹는다. 우유, 버터, 밀가루로 빵을 만들어 먹는 방법도 있다.

밀크티(奶茶)

목축업에 종사하는 어원커족은 밀크티를 즐겨 마신다. 식사 때마다 거르지 않고 마시는가 하면, 중간중간 틈틈이 마시기도 한다. 손님 접대 시에도 먼저 밀크티 한 잔을 드리는 것이 예의다. 밀크티는 치즈, 버터 등을 곁들여 먹기도 한다. 기름기가 가시지 않은 식힌 서우바러우를 얇게 저며서 밀크티에 넣어 먹는 경우도 있는데, 맛이 짙고 고소하다. 밀크티를 만들기 위해서는 물을 끓이면서 찻잎과 소다 성질을 지닌 소량의 '훠지얼'을 넣는다(기호에 따라 다양하다). 끓는 물에 넣어 어느 정도 우러나면 찻잎을 제거한다. 그런 다음 가마에 소량의 기름을 두르고 기장쌀 한줌을 넣어 볶는다. 그러고 나서 우린 차를 넣고 소금간을 한 다음 우유를 부어 한소끔 끓이면 밀크티가 완성된다. 밀크티에 들어가는 쌀로는 기장쌀, 조쌀, 흰쌀, 보리 등이 있다.

요구르트

어원커족의 요구르트에는 두 가지가 있다. 한 가지는 발효가 덜 된 반고체 형태를 띠는 요구르트인데, 쒀룬 어원커어로는 '어거더서우훙'이라고 한다. 이 요구르트는 바로 마시면 되는데 설탕을 가미하면 더 맛있다. 다른 한 가지는 발효가 많이 된 딱딱한 형태의 요구르트로, 우유를 항아리에 담고 발효 효소를 넣은 다음 매일 신선한 우유를 항아리에 넣어주면 된다. 이러한 요구르트는 더울 때 찬물을 섞고 설탕을 넣어서 먹으면 시원한 여름 음료가 된다. 또 밥을 말아서 먹기도 하고, 옥수수 가루를 섞어서 요구르트 수프를 만들기도 하고, 고기 육수와 흰쌀을 섞어 죽을 만들기도 한다. 이 밖에 요구르트로 빵을 만들거나, 전을 부치거나, 과자를 만들어 먹기도 한다.

나이피즈 '우루무'

나이피즈를 만드는 방법은 다음과 같다. 우유를 끓이다가 국자로 우유를 떠서 높은 곳에서 떨어뜨려 우유거품을 가득 만든다. 그런 다음 우유를 차갑게 식히면 위에 껍질같이 층이 생기는데 이 층을 걷어내고 말린다. 나이피즈는 밀크티에 넣어서 먹기도 하고 빵, 과자, 난과 곁들여 먹기도 한다. 나이피즈는 귀한 유제품으로 예물로도 많이 증정한다.

크림

시언거(퉁구스 어원커족 언어로는 '시미탄언')는 우유 분리기로 신선한 우유를 분리하거나 하룻밤 이상 실온에 두었다가 위에 떠오른 부분을 걷어서 만든다. 아침식사, 점심식사, 또는 차를 마실 때 이 크림을 빵, 전병 등에 발라서 먹는다. 과자에 찍어서 먹기도 하고 쌀을 볶을 때 사용하기도 한다. 영양이 풍부하고 고소한 맛이 특징이다. 버터는 우유 항아리 속 요구르트를 가열한 후 섞어서 만들거나 크림을 섞어서 만든다. 버터와 크림은 먹는 방법이 비슷하다. 우유 크림을 끓인 후 차게 냉각시켜 버터를 만든다. 버터는 크림보다 더 고소하다. 버터를 따뜻한 밀크티에 넣으면 향이 더 진해진다. 죽을 먹을 때도 버터와 설탕을 넣어서 먹는다.

나이간, 치즈

나이간 '아르치'(퉁구스 어원커족 언어로는 '아루러')는 크림을 뺀 요구르트를 솥에서 끓인 다음 물기를 빼고 손으로 움켜쥐어 손가락 사이로 삐어져 나온 작은 줄기들을 햇볕에 말려서 만든다. 나이간은 밀크티에 넣어서 먹기도 하고, 그냥 간식으로 먹기도 한다. 치즈는 요구르트를 끓여서 만든 반죽이다. 밀크티를 마실 때 치즈를 접시에 담아 크림과 설탕을 넣어 숟가락으로 떠먹는다. 밥처럼 먹기도 하고 손님 접대 시 상에 올리는 음식이기도 하다. 또 덩어리를 여러 가지 모양으로 빚어 말려서 겨울철 식량으로 비축해놓기도 한다.

우유케이크

우유케이크는 소의 초유를 쇠솥에 넣고 끓여서 만든 케이크 모양의 음식이다.

우유술

우유술을 만드는 방법은 다음과 같다. 요구르트가 가득 담긴 그릇을 나무통에 넣는다. 이 통은 3분의 2 높이에 6cm 넓이로 구멍이 나 있다. 이 통을 가열하여 끓기 시작하면 통 위에 차가운 물을 붓는다. 우유술의 비등점과 냉각점이 요구르트보다 낮아서 차가운 물을 부으면 우유술이 액체로 바뀌어 구멍 밖으로 흘러나온다.

분식

어원커족의 분식으로는 '거레바' 또는 '레바'라고 불리는 빵이 있다. 발효된 밀가루를 솥에 넣어 구워서 만드는데, 일부는 야생 과일을 소로 넣기도 한다. ‘베스스커’는 동물의 폐를 소로 넣어서 만든 빵이며, ‘카라바’는 순록의 젖을 넣고 밀가루와 섞어서 만든 빵이다.

어원커족은 만두를 빚어서 먹는데, 만두소는 사냥하여 잡은 짐승고기로 만든다. 함께 넣는 채소로 파, 배추, 양배추, 부추, 당근, 무, 샐러리 등이 있다. 만두는 물만두, 찐만두 등의 방식으로 조리해서 먹는다. 또 고기소를 넣어서 만든 전, 국수, 수제비 등의 음식도 있으며 옥수수 가루로 빚은 빵도 있다.

「어원커족 사회 역사 조사」 기록에 따르면, 귀리는 어원커족이 ‘아가(阿嘎)’를 만들 때 쓰는 식자재다. 귀리를 볶아 석판으로 눌러서 껍질을 제거한다. 그런 다음 갈아서 밀크티에 섞어 진한 차를 만든다. 이는 어원커족이 옛적부터 즐겨먹는 음식이다.

어원커족은 메밀도 먹는데, 메밀을 쪄서 익힌 다음 말린다. 그런 다음 롤러에 넣어서 껍질을 제거하면 세모 모양의 쌀이 된다. 메밀에 물을 부어 끓인 다음 우유 또는 고기를 넣어서 죽을 만들어 먹는다. 메밀에서 잘 으깨지지 않은 굵은 쌀은 별도로 분리하여 밥을 짓는다. 이 밥은 크림 또는 나이피즈와 무쳐서 먹는데, 손님상에도 오르는 음식이다. 보리쌀로 밥을 지어 크림 또는 나이피즈를 함께 비벼서 먹기도 한다.

생선요리

어원커족은 생선 조리 시 갓 잡은 신선한 생선을 사용한다. 강에서 물고기를 잡으면 즉석에서 물고기 비늘을 벗기고 내장을 꺼내 깨끗이 손질한다. 그런 다음 솥에 넣고 강물을 부어 소금, 파, 후추, 팔각 등을 넣어서 끓인다. 기호에 따라 고추를 넣기도 한다. 가정에서 조리하는 생선탕은 잡은 생선의 종류와 크기에 따라 맛이 달라진다.

또 생선을 기름에 튀겨 조미료를 넣고 조려서 요리하기도 한다. 그 밖에도 생선을 깨끗이 손질하여 소금에 절여서 기름을 두른 다음 구워서 먹기도 한다. 국으로 만들어 먹기 어려운 생선은 기름에 튀겨내어 간장, 식초, 전분, 파, 마늘 등 조미료와 함께 졸이기도 한다. 10kg 이상 되는 큰 물고기는 뼈를 제거한 다음 살을 발라서 밀가루를 묻혀 기름에 튀겨 소금에 찍어 먹는다. 큰 잉어는 채소와 함께 끓여서 먹기도 한다. 작은 물고기는 깨끗이 씻어 기름을 붓고 간장, 소금을 넣고 조리한다.

그 밖에도 생선에 소금을 뿌려 말린 다음 구워서 먹거나 그대로 먹기도 한다. 생선은 소금간을 하여 말린 다음 튀김으로 해서 먹기도 하고, 소금간을 하지 않은 말린 물고기는 물에 불려 쪄서 먹거나 조림을 한다. 겨울철 얼린 물고기는 물에 담가 해동한 다음 조리해서 먹는다.

3) 주거

어원커인은 산과 물이 맞닿아 있는 곳에 거처를 정한다. 대부분 큰 산, 큰 강, 넓은 초원지대에 거주한다. 북방지역에 위치하고 있기에 춥고 겨울이 길다. 여름에는 햇살이 따뜻하고 바람이 상쾌하다. 이러한 자연환경 속에서 독특한 주거문화를 형성했다. 스루 어원커족과 일부 산속에서 사냥을 하는 쒀룬 퉁구스 어원커족은 모두 선인주(仙仁柱)에 산다. 일부 유목 퉁구스와 쒀룬 어원커족은 '어루거주'에 산다. 농사와 사냥을 병행하는 일부 쒀룬 어원커인 중 20%는 마가자방에 살고, 80%는 초방(토방)에 산다. 농업지역에서 살고 있는 어원커족은 초방(토방)과 기와집에 산다.

산속에 사는 어원커족은 고정된 집이 없다. 춰뤄즈는 그들의 임시가옥이다. 외관은 어룬춘족의 '세런주'와 비슷하다. 보통 가구당 단독 춰뤄스에 거주한다. 높이는 3m, 너비는 4m 정도 되며 원추형 건축물이다. 소나무

[그림 8-6] 선인주 모형(출처: 伊兰琪)

대로 지은 가장 원초적인 초막이다. 춰뤄즈 외벽은 계절에 따라 달라지는데, 여름에는 자작나무 껍질로 짓고 겨울에는 동물 가죽을 덧씌운다.

100년 전 휘하 일대에 거주한 어원커족은 두 가지 유형의 집에서 살았다. 하나는 아오부하이주(奥布海糾)이고, 다른 하나는 어루거주(俄儒格糾)다. 아오부하이주는 가장 간단한 멍구바오 형태의 집이다. 사냥, 양치기하는 사람들이 임시로 거주하는 집이나 가난한 사람들이 짓는 집이다. 느릅나무 가지 20~30개를 세워서 꼭대기를 밧줄로 묶고 밑은 바닥에 깊게 박아 만든 우산 모양의 집이다. 이런 집은 정해진 문이 없고 보통 남향 쪽에 작은 구멍을 내어 출입한다. 문이 별도로 없고 탄자를 드리워 문을 대신한다. 아오부하이주는 형태가 발전하여 지붕을 멍구바오 형태로 만들었다. 어루거주는 현재 우리가 흔히 말하는 멍구바오로, 둥근 지붕이 특징이다. 멍구바오의 나무는 상 · 중 · 하 세 가지 구조로 나뉘어 원형을 이룬다. 여름에는 버드나무 가지로 두르고 갈대를 꿰어 드리운다. 여름에는 갈대를 덧씌워 비를 가리고, 겨울에는 펠트를 덧대어 보온한다. 요즘은 겨울철

[그림 8-7] 어루거주의 내부 모형(출처: 伊兰琪)

에 포 침대 아래 따뜻한 온돌을 만들어 추위를 막는다.

3 명절과 일상의례

1) 명절

어원커족의 전통명절은 구정, 미쿠어루절과 아오바오회가 있다. 아오미나령, 지야치, 미터르절, 화신절 모두 어원커족의 전통 종교 명절이다. 시간이 흐르면서 다우르족, 만주족, 한족의 영향을 받아 청명, 단오, 추석 등의 명절도 같이 지낸다.

설 명절

어원커족의 설 명절은 한족과 날짜가 동일하다. 민족어로 구정을 '아네'라고 부른다. 이는 어원커족의 전통명절로 가장 큰 명절이기도 하다. 해마다 음력 12월 23일부터 다음해 1월 15일까지 이어진다.

설 명절을 지내기 위해 집집마다 풍성한 고기와 생선, 술, 쌀, 밀가루 등 설맞이 음식을 장만한다. 새 옷과 새 신발, 새 모자도 만든다. 새해를 맞이하기 위해 집안 구석구석을 청소하고, 붉은색 주련을 달고, 새해 그림을 붙이는 등 새해맞이 준비로 분주하다. 어원커족은 다양한 새해맞이 행사를 통해 새해에는 가족이 평안하고 가축이 풍성해지기를 기원한다.

12월 23일에는 화신승천의식을 거행한다. 이날 해가 지면 집집마다 화신을 기려 모닥불을 지피고, 화신상과 마탕, 기름을 불에 태운다. 이는 화신의 승천을 기리는 의식이다. 그믐날이면 장작불을 지피고 온 가족이 새 옷으로 갈아입은 다음 향을 피우고 절하면서 조상을 기린다. 먼저 할아버지 신에게 빌고 다음으로 조상신에게 절한다. 자신들의 믿는 신상을 나란히 놓고 가족의 연장자부터 순서대로 향을 피우고 절한다. 그러고 나서 자녀들은 부모에게 절하고, 부모는 자녀들에게 축복의 말을 건넨다. 무당은 가정에서 신회를 열며, 신령님이 가족의 평안을 보호해주기를 빈다. 제사의식이 끝나면 가족이 모여 앉아 저녁을 먹는다. 어원커족 민간에서는 "그믐날에 배불리 먹으면 1년 동안 먹고 마시는 것이 풍족하다"라는 설이 있다. 그믐날 저녁은 서우바러우, 만두를 주로 먹는다. 또 요구르트죽, 밀크티를 마신다. 그믐날에는 잠을 자지 않고 뜬눈으로 밤을 지새운다. 밤을 새면서 나이를 지키면 새해에 건강하고 일도 잘 풀린다고 믿는다. 젊은이들은 밤이 되면 가면을 쓰고 집집마다 다니면서 인사하고 즐겁게 놀기도 한다.

정월 초하루 새벽이면 집집마다 마당에 눈 더미를 쌓는다. 나뭇가지에 흰 천을 매달아 눈 더미에 꽂고, 새해 신에게 세배한다. 그리고 집집마다 다니면서 명절 인사를 한다. 다른 집에 방문하면 먼저 조상신에게 절하고, 그런 다음 집안 어른에게 절한다. 서로 예물과 음식을 준비하여 손님을 맞이

한다. 세배하는 사람이 오면 음식과 갓 지은 밥을 대접한다. 이런 의식은 정월대보름까지 이어진다. 명절 기간에는 가가호호 전통 춤과 노랫소리가 끊이지 않는다. 설날부터 사람들은 모닥불을 둘러싸고 춤을 춘다. 남녀노소 모두 손을 잡고 모닥불을 둥글게 에워싸고 왼쪽에서 오른쪽으로 돌면서 춤을 추는데, 스텝은 간단하고 발랄하다. 설날에는 밤을 새서 춤을 추기도 한다. 정월 초이틀 그리고 3일에 어원커족 남자들은 말 경주, 씨름, 줄다리기 등의 경기를 하고, 여자들은 모여서 공기놀이를 한다.

정월대보름날이 되면 신을 기리면서 만든 아무숭(阿木松) 밥을 먹는다. 아무숭은 흰쌀과 조쌀을 익힌 다음 크림과 설탕을 넣어서 만든 음식이다. 집주인은 찾아온 친구들이나 친지들과 함께 밥을 먹고 술을 마시면서 밤새 즐긴다.

모헤이(抹黑)절

정월 16일은 어원커족의 전통명절인 모헤이절이다. 이날은 해가 뜰 무렵에 콩기름과 가마솥 숯검정을 들고 서로의 얼굴에 발라주는 의식을 한다. 단, 부자지간, 고부지간, 형제 부부 사이에는 바르지 않는다. 보통 어르신들이 나이 어린 사람한테 숯검정을 발라준다. 숯을 바르기 전에는 서로 인사하고 바르는 것이 예의다. 이날 남녀노소 모두 얼굴에 숯검정을 묻혀야 1년 동안 횡액을 물리치고 평안할 수 있다고 한다.

아오미나렁

아오미나렁은 어원커 언어로 '4월회'라는 뜻을 가지고 있다. 역시 어원커족의 전통명절이며 종교적 색채가 짙다. 매년 음력 4월 3일에 거행하며, 4~7일간 진행한다. 명절 전에 주지샤먼이 수행샤먼과 함께 집집마다 방문한다. 주지샤먼은 각 가정에 가서 해가 지는 방향으로 집을 세 바퀴 돌며 노래를 부르고 징을 친다. 집주인은 우유 한 그릇을 들고 함께 다니면서 수행인의 몸에 뿌린다. 가족들도 그들의 몸에 요구르트를 뿌린다. 이러한 의식은 그들이 들어와서 회당을 세 바퀴 돌고 서남쪽에 설 때까지 진행한다. 마지막으로 그 가정의 주부는 우유 한 그릇을 지붕 위로 뿌린다. 의식을 마치면 신입 수행샤먼은 주지샤먼의 집으로 가서 일주일간 신춤을 춘다. 그 동안 마을 사람들은 제사용 양을 잡아 신나무에 피를 뿌리고 양고기를 나누어 먹는다.

명절날 마을의 모든 남녀노소는 소고기, 양고기, 말고기 그리고 천, 차, 설탕, 하다 등 예물을 들고 주지 원로샤먼의 집으로 향한다. 마당에는 자작나무를 세우고 방에는 버드나무를 세운 다음 두 나무 사이를 마로 엮은 밧줄로 묶는다. 그리고 나뭇가지와 밧줄에 색색의 천 조각을 드리우는데, 이는 신에게 바치는 선물이다. 의식이 시작되면 모든 사람이 두 나무 사이에 서서 개가죽으로 엮은 끈으로 둘러친다. 주지샤먼과 수행샤먼이 함께 신춤을 추면 사람들도 함께 춤추고 노래를 부른다. 사람들을 둘러싼 개가죽으로 엮은 줄이 짧아서 길이를 늘여야 하면 이는 종족이 번성한다는 좋은 징조로 여겨 환호한다. 그러나 줄 길이가 길어 줄여야 하면 온역이 퍼질 것이라는 불길한 징조라고 본다. 만약 이러한 불길한 징조가 나타나면 주지샤먼은 가축을 잡아 신을 불러 재앙을 물리쳐달라고 빈다. 주지샤먼과 수행샤먼은 신춤을 추면서 신령에게 종족의 번영과 보호를 기원한다.

미쿠어루절

매년 5월 22일은 어원커족의 전통명절인 미쿠어루절이다. 네이멍구 자치구 진바얼호기 무얼거하 일대에서 가장 많이 지낸다. 미쿠어루절은 어원커 언어로, 풍년을 축하하고 유목민이 그해 증가한 가축수를 집계하는 날이다.

어원커족은 미쿠어루절을 경축하기 위해 며칠 전부터 명절 준비에 분주해진다. 양을 잡고, 유제품을 만들고, 도시로 나가서 차, 술, 요리재료 등을 사오고, 친지와 친구들을 초대한다.

명절날에는 모두 화려한 민족의상을 차려입고 친지, 친구들과 함께 말이나 마차를 타고 제사장에 모인다. 사람들이 모이면 주술샤먼은 향을 피우고 등을 밝히고 주문을 외우고 경을 읽는다. 이는 대규모 제사활동으로 재난을 막아주고, 사람과 짐승의 평안을 기리는 의식이기도 하다. 의식이 끝나면 말 빼앗기 경주를 한다. 말 빼앗기 경주는 지혜와 용맹, 기마기술, 사냥기술 모두를 겸비한 사나이들이 참가하는 경주다. 각 마을의 가장 우수한 선수들이 경기장에 모인다. 경주가 시작되면 호루라기 소리와 함께 수십 명의 건장한 젊은이들이 몸을 날려 말에 올라타 쏜살같이 앞으로 질주한다. 그들은 말 올가미를 흔들며 앞서 달리는 야생마를 쫓아간다. 가장 먼저 말을 쫓아가 올가미로 잡는 사람이 우승자다. 야생마를 올가미로 걸고 말 등에 올라타기, 말 꼬리 잡기, 말 귀 잡기 등 기술을 이용하여 말을 바닥에 쓰러뜨려야 한다. 말 빼앗기 경주에서 말 갈퀴 깎기, 말 꼬리 자르기, 말 귀 뚫기, 낙인 새기기, 말 이 뽑기 등 다양한 의식이 기원했다. 이는 어원커족 미쿠어루절 중에서 가장 큰 볼거리다.

행사를 마치면 모두 주인집 멍구바오에 모여 술자리를 벌인다. 어원커족은 먼저 차를 마시고 나서 술을 마신다. 술을 권할 때 주인은 큰 쟁반에 술 두 잔을 가득 담아 연장자부터 나이 순서대로 손님에게 권한다. 오신 모든 손님에게 술을 권하고 나면 주인은 양을 잡은 사람에게 하다를 선물하여 감사 표시를 한다. 그리고 손님들에게 1년간 늘어난 가축의 숫자를 공표

한다. 연회에 참석한 손님들은 주인에게 축하의 말을 건네며 축배를 든다. 술자리가 끝날 무렵 다른 집 주인이 손님들을 다시 자신의 집으로 초대한다. 어원커족 민간에서는 "너를 존경하는 사람은 너에게 맛있는 술을 아낌없이 줄 것이다"라고 말한다.

밤이 되면 넓고 광활한 초원에서 장작불을 크게 지피고 파티를 연다. 어원커족 젊은 남녀들은 장작불을 중심으로 둘러서서 흥겨운 반주에 맞춰 노래를 부르고 춤을 춘다. 유목민 특유의 힘 있고 강력한 춤사위는 그들 고유의 문화다. 아가씨들이 춤을 출 때 몸에 휴대한 장신구들이 박자를 맞추어 서로 부딪치면서 아름다운 소리를 낸다. 젊은 남녀들은 이날 밤을 새워 즐겁게 노래를 부르고 춤을 춘다.

미쿠어루절에 거행하는 다채로운 활동들은 어원커족의 형제애와 정, 그리고 서로 돕고 위하는 모습을 담고 있다. 또한, 수렵과 유목민으로서 말 타기, 활쏘기, 사냥에 능숙한 건강한 생활풍습과 강한 민족적 정신을 명절 의례 속에 담아내고 있다.

아오바오회(敖包會)

아오바오회는 네이멍구 자치구 후룬베이얼멍 어원커족의 전통명절로, 종교기일이기도 하다. 아오바오는 종교적 신앙의 상징이기도 하다. 어원커족의 모든 종족은 각자의 아오바오가 있으며, 전체가 공동으로 기리는 아오바오도 있다.

아오바오회는 1년에 한 번 개최하며, 음력 4~6월 사이에 길일을 택해 거행된다. 이때는 봄이 와서 날씨가 따뜻해지며, 초원의 풀이 무성하고 소와 양이 살찌는 시기이기도 하다. 아오바오회 때는 소, 양을 잡아 제사상에 올린다. 어원커족은 먼저 말 경주를 한다. 말 경주에는 중장년이 많이 참가

한다. 말 경주에서 보여주는 아슬아슬 위험하고 화려한 동작들은 그들의 높은 기마 기예를 보여준다. 말 경주가 끝나면 라마승들은 아오바오 앞에서 향을 피우고 등을 밝힌다. 경을 읽고, 제사의식을 진행한 다음 씨름, 춤, 노래 등 다채로운 활동을 한다. 어원커족은 아오바오를 기리는 행사를 산신, 용왕신에게 지내는 제사로 생각하고, 자신들을 지켜주고 재난을 물리쳐주고 가축을 지켜주며 천재지변을 막아준다고 생각한다.

지야치(吉雅奇)

지야치는 어원커어로 '가축신'을 의미한다. 지야치절은 어원커족의 전통명절로 민간에서 지낸다. 음력 1월 15일 또는 16일 가축이 살이 통통 올랐을 때 거행한다. 제사를 지낼 때 쌀로 음식을 만들고, 말갈기로 남녀 형상을 수놓은 주머니 양측에 놓는다. 제사의식이 끝나면 결혼하지 않은 여자들이 먼저 시식한 다음에 가족이 함께 먹는다. 지야치는 가축신을 기리는 명절이며, 이런 행사를 통해 가축신이 가축을 내려주신 것에 감사하고 가축의 번식과 번성을 기린다.

미터르절(米特爾節)

미터르절은 네이멍구 자치구에 거주하는 어원커족의 전통명절로 매년 음력 10월 26일에 지낸다. 이날부터 날씨가 점점 추워지고 하룻밤 사이에도 기온이 급격히 떨어지고 눈보라가 휘몰아치고 한파가 닥칠 수도 있기에 이날을 기점으로 월동준비를 한다. 양을 키우는 사람들은 이날 양을 우리에 가두고, 소와 양을 잡아 겨울에 먹을 음식을 비축해둔다. 가축을 파는 것도 이날 결정한다. 추운 겨울 가축의 동사로 발생할 손실을 최대한 줄이기 위한 예방책이다.

어원커인의 생활지역은 북쪽 다싱안링 산속이기에 겨울철에는 추워서 사냥과 목축이 어려워진다. 따라서 월동준비가 가장 큰일이다. 음력 10월 26일은 날씨가 추워지기 시작하는 날이어서 이날을 미터르절로 정했다. 이를 통해 어원커족이 날씨에 굉장히 민감한 민족임을 알 수 있다.

화신절(火神節)

화신, 즉 불에 대한 숭배는 자연계에 대한 샤머니즘의 대표사상이다. 어원커인에게 불은 날짐승고기를 익혀주고 따뜻함과 빛을 줌과 동시에 사람들에게 고통과 재난도 가져다주기에 숭배와 두려움의 존재다. 따라서 불에 대한 숭배 사상도 이에서 비롯된다. 불을 신비하게 생각하며, 신이 주재한다고 생각한다. 어원커인의 전설 속 화신은 할머니 형상을 하고 있다. 여자들이 매일 불과 가까이 지내고 불로 밥을 짓고 추위를 물리치기 때문이다. 따라서 어원커족 화신은 여자들이 섬긴다.

어원커족은 음력 12월 23일 저녁에 화신을 기리는 횃불의식을 거행한다. 집집마다 나무 막대기 또는 미리 장만한 나무를 쌓아 장작불을 지핀다. 장작불 위에는 기름칠한 양 갈비뼈를 드리우고, 장작불 주변에 오색 천과 석등(石燈)을 둔다. 장작불 앞에는 제사상을 차리고 제사용품을 둔다. 해가 질 무렵이면 가정마다 안주인이 나와서 불을 지피고 화신을 기린다. 그들은 제사상에 올린 술과 음식을 불속에 던져 넣고 불 앞에서 절을 하며 기도한다.

어원커인은 불을 경외하기에 손님 접대 시에도 횃불을 들고 나가 맞이하며, 횃불 밑에서 손님과 주인이 인사하는 것은 불신이 지켜보고 있다는 증표로 손님에게 정성을 다하고 있다는 표시이기도 하다. 주인은 식사를 하기 전에 불속에 고기 한 덩어리와 술 한 잔을 먼저 뿌린다. 그런 다음 손님에게 술을 권한다. 손님도 잔을 들어 화신에게 인사한 다음 술을 마시고 식사를 시작한다.

어원커족은 불을 숭배하며 영원불멸의 신령으로 섬긴다. 그들은 불씨를 살리는 것을 굉장히 중요하게 생각하기에 어떤 상황에서도 불씨가 꺼지지 않게 지킨다.

2) 일상의례

(1) 혼례

어원커족은 혼인 관습에서 일부일처제를 지키며, 같은 성씨끼리의 혼인은 금한다. 같은 성씨가 아니라도 친인척 관계이거나 같은 연배가 아니면 역시 혼인을 금한다. 과거에는 귀족 자녀와 평민 자녀의 결혼을 금지했다. 따라서 마을의 귀족은 다른 성씨 귀족들과의 결혼만 허락되었다. 어원커인 노예는 일반인과 결혼할 수 없으며, 귀족과의 결혼은 더더욱 금기시되었다.

어원커족은 교환혼[姑舅表婚]의 관습이 있다. 즉, 다른 성씨 집안으로 시집간 여자는 딸을 낳으면 원래 성씨 집안으로 다시 시집을 보내는 관습이다. 이를 '환골두(還骨頭, 뼈를 돌려준다)'라고 부르기도 한다. 또한 '입췌혼(入贅婚)'이라는 관습이 있는데, 두 가지 형태가 있다. '장기입췌'는 처가에 딸 하나만 있고 나이가 연로하여 일하기 어려운 경우 데릴사위를 들여서 장인장모를 봉양하게 하는 것이다. 이때 사위는 아들과 같은 지위를 지니며 성은 바꾸지 않는다. 다른 하나는 '단기입췌'로, 부모가 연로하고 지병이 깊은데 아들이 아직 나이가 어리면 사위가 대신 돌봐드리고 아들이 성장하면 다시 분가한다. 입췌 후 태어난 자녀는 아버지 성을 따른다.

어원커족의 전통적 혼인 절차로는 중매쟁이의 소개, 약혼, 예물 주고받기, 혼례, 처갓집 방문하기 등이 있다.

(2) 장례

어원커족의 장례식은 풍장[過風葬], 화장(火葬), 매장(토장-土葬) 등 다양하다. 그들 중 퉁구스 어원커족과 스루 어원커족은 러시아인의 영향을 많이 받아 샤먼을 믿음과 동시에 동방 정교회를 믿기에 죽은 사람의 매장에서 동방 정교회 관습을 유지하고 있기도 하다.

스루 어원커족은 동방 정교회의 관습대로 사람이 죽으면 관에 넣어서 매장한다. 관에는 멍석을 깔고, 시신을 깨끗이 씻겨서 흰옷을 입히고 관에 넣는다. 그리고 죽은 사람이 생전에 사용하던 담뱃대, 컵, 주전자 등을 부수어 관 속에 함께 넣는다. 그리고 예수상과 네 조각의 간식을 넣어둔다.

출상 전에 마을에서는 검은색 순록 한두 마리를 잡아 기둥이 4개인 초막을 만든다. 그리고 순록의 머리를 해가 있는 쪽으로 향하게 눕힌다. 이

[그림 8-8] 스루 어원커족의 장례문화(출처: 郭跃)

[그림 8-9] 장례식(출처: 郭跃)

는 순록이 죽은 사람을 싣고 간다는 상징적 의미를 지닌다. 죽은 사람이 생전에 사용하던 사냥총과 칼은 가족들에게 남겨두고 옷과 이불은 불에 태운다. 사람이 죽으면 산속에 매장하고, 무덤 앞에는 십자가를 세운다. 십자가는 나이와 성별에 따라 모양이 조금 달라지기도 한다.

퉁구스 어원커인은 동정교의 영향을 받아 장례는 목사님의 기도 속에서 진행된다. 강가초(剛嘎草) 끓인 물로 시신을 씻기고 머리를 빗겨주며, 남자는 새 모자를 씌우고 여자는 두건을 둘러준다. 옷은 계절에 맞게 입힌다. 매장 후 교회당에 가서 등록하고 죽은 사람의 이름, 나이, 사망 일자를 기록한다.

관을 짜는 나무는 낙엽송을 사용하고, 백양나무 사용은 금지한다. 쒀룬(索倫) 어원커족은 가족 묘지를 갖고 있다. 묘지는 산속 양지바른 곳으로 정하여 족보별로 높은 어르신이 높은 곳에 위치하고 점점 남쪽으로 내려온다. 같은 연배는 같은 높이에 매장한다. 형제일 경우 형은 서쪽, 아우는 동쪽에 위치한다. 부부도 나란히 묘지를 만드는데, 남편은 서쪽, 아내는 동쪽에 위치한다. 가족 중에 장수한 분이 있으면 그분과 같은 연배의 묘지 옆에 공간을 비워둔다. 매장할 때 머리는 서북쪽을 향하고 얼굴은 동남쪽을 향한다. 그 밖에도 해가 뜨는 방향으로 향하게 하거나 동남향 명산을 향하게 하기도 한다.

부록: 중국동북민족민속박물관 관장과의 인터뷰

참여자: 리더산(李德山, 중국동북민족민속박물관 관장)

인터뷰: 김영순(인하대학교 교수)

일시: 2019년 9월 17일 오전 10~11시

장소: 중국동북민족민속박물관 2층 귀빈실

김영순 교수(이하 김): 안녕하십니까? 저희는 한국 인하대학교에서 왔습니다. 저희가 박물관을 방문한 목적은 5년 전 중앙민족대학교 그리고 옌볜대학교와 협력하여 『중국민족지』라는 책을 번역하면서 중국의 소수민족에 관심을 갖게 되었습니다. 저희가 중국의 소수민족에 관심을 갖게 된 이유는 다음과 같습니다. 첫 번째는 한국 사람들에게 중국의 민족적 다양성을 알리기 위해서입니다. 한국은 단일민족이기에 중국이라고 하면 한족만 살고 있는 나라라고 인식합니다. 하지만 중국은 56개 민족이 융합하여 이루어진 나라이며, 이는 나라를 강대하게 만드는 힘이라고 생각합니다. 두 번째는 한국도 세계화 시대를 맞아 다양한 나라의 사람들이 이주하면서 인구 구성원이 다양해졌습니다. 현재 한국에 거주하는 200만 외국인 중에서 100만 명 이상이 중국인입니다. 이렇게 다양한 구성원들이 함께 공존하기 위한 방법을 중국의 다원일체 소수민족정책에서 찾고자 합니다. 중국이 소수민족들과의 융합 · 통합을 이루는 이러한 모습들은 한국의 다문화 사회에도 많은 시사점을 줄 수 있을 것이라고 생각합니다.

저희는 지금 『중국 동북지역 소수민족 문화 이해』라는 저서를 준비하고 있습니다. 중국 동북지역에는 다양한 민족이 살고 있습니다. 저희는 7개 소수민족을 소개했는데요. 그 기준은 동북지역에 기원을 두고 있는 7개 소

중국동북민족민속박물관 전경

수민족, 즉 만주족, 몽골족, 다우르족, 조선족, 어룬춘족, 어원커족, 허저족이 있는데 귀 박물관에서는 12개 민족에 대해 소개하고 있네요. 어떤 기준으로 하셨는지 여쭤보아도 될까요?

리더산 관장(이하 리): 기원으로 따지면 7개 소수민족이 맞습니다. 저희 박물관에 전시한 12개 민족은 한족을 포함하고 있고, 현재 실제로 거주하고 있는 자치현을 가지고 있는 소수민족인 기타 키르기스족, 시버족, 러시아족, 회족도 포함했기 때문입니다.

김: 그렇다면 이 소수민족의 배열순서는 어떤 기준으로 하셨나요? 인구수 아니면 다른 기준이 있으신가요?

리: 없습니다. 편하신 대로 순서는 저자분들이 정하시면 될 것 같습니다.

김: 박물관에 대한 소개를 부탁드립니다.

리: 우리 박물관은 2014년 7월에 개관했습니다. 건축면적은 3만 ㎡이고, 전시면적은 1만 3천 ㎡입니다. 전시관은 세 부분으로 나누어져 있습니다. 첫 번째는 동북지역의 고대 민족입니다. 두 번째는 동북지역의 근현대 민족입니다. 세 번째는 동북지역의 공예전시관입니다. 민속박물관을 설립한 목적은 두 가지가 있습니다. 첫 번째는 본교(동북사범대학교) 관련전공 학생들에게 교학, 실습 연구기지를 제공하기 위해서입니다. 두 번째는 사회를 위해 세워졌습니다. 지린성, 장춘시 동북, 나아가 전국적으로 동북지역 민족들의 역사문화를 알리고 직관적인 소재를 제공하기 위해서입니다.

김: 여기 방문하는 사람들은 학생, 시민, 연구자 중 어떤 사람들인지요? 그리고 하루에 몇 명 정도 견학을 오는지 알고 싶습니다.

리: 유치원 어린이부터 다양한 연령층의 사람들이 방문하고요. 동북사범대 학생들에게 우선 관람권을 주기는 합니다. 우리 박물관은 국가 3급 박물관으로 국가 4A급 여행 관광지역이기도 합니다. 박물관 등급은 1급에서 5급까지 있는데, 저희 박물관은 3급으로 중간 정도 규모입니다. 그리고 1급은 베이징의 고궁박물관 등을 말합니다. 중국 역사박물관, 상하이 역사박물관 등이 있습니다.

김: 박물관은 보존, 전시, 교육이 있는데, 여기서는 그런 것들이 어떤 방식으로 이루어지나요?

리: 저희 박물관에서는 이 세 가지 기능이 균형 있게 진행되고 있습니다.

김: 학생들 대상으로 어떤 특별한 교육 프로그램이 있으신지요?

리: 사회교육 부문에서는 학교(동북사범대학교)의 문화박물관 전공과 협력하여 공동으로 석사학위 배양과정을 운영하고 있습니다.

김: 초 · 중 · 고 학생들한테는 어떤 교육을 하시나요?

리: 학교에서 학생들이 정기적으로 견학을 옵니다. 저희가 오라고 하는 것은 아니고 학교 자체에서 현장체험학습 행사로 많이 옵니다. 저희 관은 장춘시 초·중등학교 교육 실습현장으로 애국주의 교육의 중점 기지로 지정되어 있습니다.

김: 방학 때 교사들을 위해 진행하는 연수 프로그램도 있나요?

리: 모두 제공하고요. 연간 280일 이상 개관합니다.

김: 박물관에서 일하는 학예사 그리고 연구원은 몇 명 정도 되나요?

리: 저희 박물관은 2014년에 세운 신축 박물관이기에 연구원이 많지 않

습니다. 현재 연구원 1명, 교수 1명이 있습니다. 제가 바로 그 유일한 교수입니다.

김: 큰 박물관을 운영하고 계시는데 한 분만 있으신 거네요. 대단하십니다.

리: 저희 박물관 소속 정규직원은 많지 않습니다. 27명 정도 되고요. 외부 조경, 청소, 매표소 등 기타 업무는 학교 밖에서 계약직 직원을 채용합니다.

김: 기념품 숍에 박물관 소개 책자가 없던데요. 만들 생각은 없으신가요?

리: 박물관이 개관한 지 아직 5년밖에 되지 않아서 진행 중에 있습니다. 곧 소개 책자를 만들 예정입니다. 그 밖에도 관내 전시품과 관련이 있는 여행상품도 개발할 예정입니다.

김: 저희가 이 책을 쓸 때 중앙민족대학교에서 발행한 『중국민족지』라는 서적과 인터넷 자료를 활용했어요. 신뢰할 만한 인터넷 사이트가 있는지요? 중국의 사이트가 서로 다른 이야기를 하고 있기도 해서요.

리: 지금 운영되고 있는 큰 사이트들은 신뢰하셔도 됩니다. xinhua, souhu, fenghuang 등은 모두 믿을 만한 사이트입니다. 내용에 큰 문제가 없습니다. 저서 내용에 대한 좀 더 엄격한 기준을 보려면 관련 저서 그리고 민족출판사에서 출간한 『민족사전』을 참조하시면 되겠습니다. 민족출판사의 상급기관은 국가민위입니다.

김: 소수민족 자원을 관광자원으로 생각해본 적은 있으신가요? 예를 들면 축제를 보러 오게 한다거나 이런 것에 대해 어떻게 생각하시나요?

리: 저희가 지금 활동적으로 참여하는 행사는 별로 없습니다. 하지만 기타 소수민족 서예, 생활 도구 등 전문 전시는 많이 하는 편입니다.

김: 이 책이 나오면 중국어로 추천사를 부탁드려도 될까요?

리: 좋습니다.

김: 동북쪽 전문가이시니 추천사를 적어주시면 감사하겠습니다. 그리고 우리가 사진을 찍어가지만 혹시 7개 소수민족 중에서 대표적인 사진을 제공해주실 수 있는지요?

리: 우리 박물관에서 찍은 사진들은 출처만 밝히시면 사용하셔도 되겠습니다. 그리고 저희가 가지고 있는 사진들을 보내드릴 수도 있습니다. 인터넷에 올린 사진들은 판권에 대한 문제가 좀 있을 수는 있습니다. 하지만 아직 책자로는 안 나와 있습니다. 저희가 앞으로 계속 수집해야 할 소재이기도 합니다. 5년밖에 안 되었기에 좀 미흡합니다. 그리고 직접 소수민족 집거지역의 소수민족 박물관에 가시면 더 자세한 자료들을 얻을 수 있습니다. 현재 소수민족들은 파편화현상, 동화현상이 심해서 헤이룽장 등지의 허저족 등도 국가에서 집을 제공했기에 민가가 다 없어지고 많은 문화유적들이 없어졌습니다. 저희가 박물관을 세울 때도 이런 문제들을 발견했습니다. 실물사진을 촬영하기에 굉장히 큰 어려움이 있다는 것을 발

견했습니다.

김: 만약에 저희가 각 지역에 있는 박물관을 방문하면 관장님께서 도와주실 수 있으신지요?

리: 지린성에 있는 박물관은 다 괜찮습니다. 헤이룽장성도 일부는 아는 분들이 있을 수도 있습니다. 그리고 지금 많은 동북지역 소수민족들이 몽골에 집거하는 민족들이 많습니다. 어원커족, 어룬춘족, 다우르족도 몽골에 집거하고 있고 소수민족 박물관도 거기에 있습니다. 그쪽은 제가 아는 분이 있어서 도움을 드릴 수도 있겠습니다. 네이멍구 자치주 자치현에 있는 다우르족 민족박물관에는 관련 자료들이 굉장히 풍부합니다.

김: 오늘 좋은 말씀해주셔서 감사 드리고요. 한국 사람들에게 중국 소수민족을 소개하는 데 있어서 저희가 주의해야 할 점이 있다면 말씀해주세요.

리: 특별히 주의해야 할 부분은 없습니다. 정상적인 학술교류이고 김 교수님이 중국 동북지역 소수민족에게 관심을 가져주시고 한국에 소개해주셔서 감사할 따름입니다. 저는 세 번이나 한국을 방문했고, 한국과 교류가 많은 편인데요. 현대 중국의 소수민족을 한국에서 소개한 저서들이 많지 않습니다. 김 교수님이 저서를 발간해주시는 것은 굉장히 고무적인 일인 것 같습니다.

김: 저희 책이 한국에서 출간할 때 한국에 오실 수 있으신지요? 초대하려고 하는데 얼마 전에 초대해야 오실 수 있으실까요?

중국동북민족민속박물관 리더산 관장과 김영순 교수

리: 6개월 전에만 초대해주시면 갈 수 있습니다.

김: 한국에 연결해서 협력하는 교수나 대학교가 있으신가요?

리: 동북아재단과 학술회의를 많이 합니다. 김** 박사를 알고 있습니다. 동북아재단의 많은 분들이 중국에서 유학했던 분들입니다.

김: 동북아역사재단에서 이미 중국 소수민족에 대한 책을 한 권씩 발간했습니다. 알고 계시나요?

리: 네, 굉장히 많이 쓰셨습니다.

김: 거기는 전문적인 서적이어서 일반인이 읽기가 어렵습니다. 한 민족당 한 권씩 책을 만들었는데요. 저희 목적은 한 권에 여러 민족의 이야기를 담아서 일반인들이 쉽게 읽게 하기 위해 만들었습니다.

리: 좋은 것 같습니다. 저희 박물관의 자료를 사용하거나 자료제공에 전적으로 협조하겠습니다.

[참고문헌]

강경원(2006).「한국어의 계통에 관한 지리학적 연구방향 설정」.『문화역사지리』 18(3), 17-28쪽.

강현사, 이평래, 김장구, 김성수(2008).「중국 학자들의 소수민족 역사 서술」.『동북아역사재단 연구총서』 32, 서울: 동북아역사재단.

공봉진, 이강인, 조윤경(2016).『한권으로 읽는 중국문화: 중국의 전통문화와 소수민족문화 그리고 대중문화』. 초판 2010, 개정판 아시아총서 23, 부산: 산지니.

김선자(2009).『신화 연구가 김선자의 중국소수민족 신화기행』. 파주: 안티쿠스.

金昭中(2007).『中國少數民族』. 대전: 배재대학교출판부.

김정호(2013).『만주족 주거문화의 수수께끼』. 한국학술정보.

동북아역사재단 북방사연구소(2018).『숲속의 사람들, 어원커족』. 서울: 동북아연구재단. 동북아역사재단 기획연구 72, 중국 동북지역 민족문화연구 3.

리화, 허명철, 김병선(2018).「중국 동북지역 조선족의 일생의례와 풍속」.『문명과 가치 총서』 032, 성남: 한국학중앙연구원 출판부.

마스이 츠네오(1978).『대청제국』. 이진복(역). 학민사.

마크 C. 엘리엇(2009).『만주족의 청제국』. 이훈, 김선민(역). 도서출판 푸른역사.

박춘순, 조우현(2002).『中國少數民族服飾』. 서울: 민속원.

사단법인 국경없는마을 다문화사회교육연구원(2007).『이주민 공동체의 문화다양성에 대한 조사연구: 다문화지도제작』. 서울: 문화관광부.

소황옥, 김양희(2008).『중국소수 민족과 복식』. 경춘사.

이기웅(2001).『깊게 본 중국의 주택』. 열화당.

이동성, 주재홍, 김영천(2013).「문화다양성 교육의 개념적 특질 및 이론적 배경 고찰」.『다문화교육연구』 6(1), 51-72쪽.

이동진, 이정태, 손재현, 송용호, 이채문, 박장배, 이진영, 최명해(2010).「중국 동북 연구 - 방법과 동향」. 『동북아역사재단 연구총서』 54, 서울: 동북아역사재단.
이시바시 다카오(2009). 『대청제국1616-1799』. 김학원(역). 휴머니스트 출판그룹.
이훈(2018). 『만주족 이야기』. 너머북스.
정재남(2007). 『중국 소수민족 연구: 소수민족으로 분석하는 중국』. 파주: 한국학술정보.
정재남(2008). 『중국의 소수민족』. 파주: 살림출판사.
채미화, 김화선, 장익선(2018). 「중국 동북지역 조선족의 생활과 윤리」. 『문명과 가치 총서』 031, 성남: 한국학중앙연구원 출판부.
패멀카 카일 크로슬리(2013). 『만주족의 역사』. 양휘웅(역). 돌베개.
한여우펑, 우야즈, 관샤오윈, 김인희, 김천호, 서영대, 조우현(2016). 「최후의 수렵민 어룬춘족」. 중국 동북지역 민족문화연구 1, 동북아역사재단 기획연구 67. 파주: 청아출판사.
한중관계연구소(2017). 『아무르강의 어렵인, 허저족(赫哲族)』. 파주: 청아.

费孝通(1999). 『中华民族多元一体格局』. 中央民族大学版社.
商洪雷(2012). 「另-半中国史」 文化艺出版社.
马晓军(2002). 「少数民族政权在中国历史上的作用和地位」. 『边疆民族研究』 54(2), 14-19쪽.

Aisin Gioro Ulhichun (2014). 『명나라 시대 여진인』. 이상규, 다키구치 게이코(역). 경진출판.

중국 사이트
民族网: www.minzu56.net

찾아보기

ㅎ